우즈베크어 표준 교재 A1

본 교재는 2018년 정부(교육부 국립국제교육원) '특수외국어교육 진흥 사업'의
지원을 받아 수행된 결과입니다. (CFL-한국외-2018-우즈베-C-1)

Salom!

Standart darslik

O'zbek tili

우즈베크어 표준 교재

Mashrabbekova Aziza · 이지은

A1

Xayr!

Marhamat!

HU:iNE

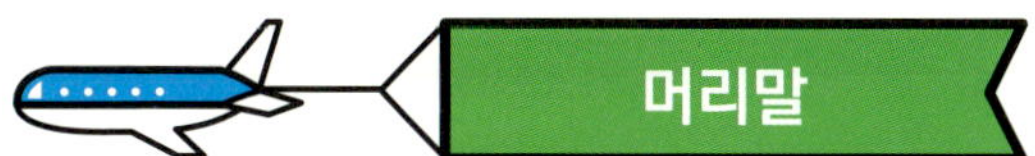

So'z boshi

Qadrli do'stim!

O'zbek tili – ajoyib bir dunyo. Siz ana shu ajoyib dunyo – o'zbek tilini o'rganishga kirishayotgan ekansiz, albatta, tezroq bu tilida gapirish, o'qish va yozish ishtiyoqida yonmoqdasiz. Qo'lingizdagi darslik sizni ana shu ajoyib dunyoning g'aroyibotlari bilan tanishtiradi. Siz bu darslik bilan tanishish davomida olam va odamni o'zbek tilida anglashni ham o'rgana boshlaysiz. Bu yo'lda sizning birinchi hamrohingiz ham shu darslik bo'ladi. U o'zbek tili dunyosining go'zalliklaridan, sir-u sinoatlaridan bahramand bo'lishingizga, bir so'z bilan aytganda, o'zbek xalqini yanada yaxshiroq bilib olishingizga yordam beradi.

Do'stim, o'zbek tilining go'zalliklaridan bahramand bo'lish uchun o'zbek tiliga birinchi kundanoq mehr qo'yishga harakat qiling. Shundagina u sizni o'zining sehri va tarovati, turfa ifoda imkoniyatlari bilan tanishtiradi, yaqin do'stingizga aylanib qoladi.

O'zbek tilini bilish nafaqat mehnatlaringiz samaradorligining oshishiga, eng muhimi, o'zbek xalqi madaniyati, tarixi, turmush tarzi va fe'l-atvorini yaxshiroq tushunishingizga yordam beradi.

Ushbu darslik orqali siz o'zbek tilining harflar va tovushlar tizimi bilan tanishasiz, o'zbekcha so'z va iboralarni talaffuz qilishni, o'qishni va yozishni o'rganasiz hamda o'zbekcha suhbatning turlari bilan tanishasiz.

Siz oʻzbekcha nutqni tushunishni va uning yordamida mustaqil muloqotga kirishishni oʻrganasiz.

Buning hammasi sizga oʻzbek tili muhitida oʻzingizni erkin his qilishingizga yordam beradi.

Men sizga oʻzbek tilini oʻrganishda ulkan muvaffaqiyatlar tilayman!

Muallif: Aziza Mashrabbekova

머리말

O'zbekistonga xush kelibsiz!

우즈베키스탄은 2000년대 초반에만 해도 한국과 한국인에게 매우 낯선 국가였으나, 오늘날에는 많은 수의 우즈베키스탄인들이 한국을 찾고 한국 역시 우즈베키스탄과 협력적인 관계를 만들어 가고 있습니다. 우즈베키스탄은 중앙아시아에서도 정중앙에 위치한 국가로, 과거 융성했던 실크로드 상의 주요 도시들이 모여 있는 역사적, 문명사적으로도 중요한 역할을 했던 곳입니다. '세상의 빛'이라고 알려진 사마르칸트, 청금석과 같은 값비싼 돌(당시에는 보석)이 많아 '돌의 도시'로 알려진 타슈켄트, 중앙아시아 푸른 계곡 페르가나, 거대한 성벽으로 둘러싸인 고대 도시 히바 등, 오늘날 우즈베키스탄은 잘 알려지지 않은 숨은 보석 같은 여행지를 좋아하는 여행객들의 발길을 끌어 모으고 있습니다. 또한 우즈베키스탄에는 1937년 소비에트 시기 스탈린 강제이주 정책으로 중앙아시아에 정착하게 된 많은 수의 한인동포들도 살고 있습니다. 최근에는 우즈베키스탄 젊은이들이 한국에 다양한 목적으로 이주해 오면서 대도시뿐만 아니라 지방의 중소 도시에서도 우즈베키스탄인들을 접하는 일이 어렵지 않게 됐습니다. 이처럼 우리가 미처 느끼지 못한 사이에 한국과 우즈베키스탄의 교류는 정치, 경제, 행정, 사회, 문화, 교육, 인적 분야 등에서 급격히 증가하여, 이제 서로를 국제사회의 주요 협력 파트너로 여기게 됐습니다.

무엇보다도 한국인과 우즈베키스탄인을 가깝게 하는 요소는 바로 언어입니다. 우즈베크어는 다민족 국가인 우즈베키스탄에서 약 80%이상 국민이 사용하는 국가 공식 언어로, 표기는 라틴 문자 알파벳으로 하고 있습니다. 그런데 놀라운 것은, 어순과 문법 체계가 한국어와 너무나도 유사하다는 점입니다. 그래서 우즈베크어를 처음 배우는 분들에게 농담 반 진담 반, "한국인에게 전 세계 언어 중 가장 쉽고 빠르게 배울 수 있는 언어는 바로 우즈베크어에요"라고 합니다. 이 책을 처음 접한 분들도 이 점을 꼭 기억하면서, 우즈베크어를 배우는데 부담되고 두려운 마음 보다는 배우기 편한 이웃 언어를 알게 된다는 생각으로 시작하시길 바라는 마음입니다.

이 교재는 우즈베크어를 처음 접하고 배우기 시작한 학습자를 대상으로 난이도를 조정하였으며, 대략 입문에서 초급 수준에 해당하는 내용들로 구성됩니다. 각 본문에는 새로운 단어와 주요 문법, 대화 연습, 그리고 우즈베키스탄 문화를 이해할 수 있는 길지 않는 우즈베크어 지문을 수록하였습니다.

이 교재에서 발견되는 부족한 부분은 지속적으로 보완할 것을 약속드리며, 모쪼록 우즈베크어 학습 현장에서 쌓은 여러 경험과 노하우가 이 교재를 통해 학습자 여러분들에게 잘 전달이 되길 바랍니다.

끝으로 이 교재가 나오기 까지 고생해주신 한국외국어대학교 중앙아시아학과 Aziza Mashrabbekova 교수님(공동 저자) 그리고 한국외대 지식출판콘텐츠원 이근영 선생님에게도 감사의 인사를 전합니다.

2019. 11

공동 저자 이지은

일러두기

『우즈베크어 표준 교재 A1』은 우즈베크어를 처음 접하는 입문 학습자의 우즈베크어에 대한 기초적인 이해, 기본 회화와 문법 연습이 가능한 교재로 개발되었습니다.

✓ 집필 방향

- 본 교재는 A1(초급), A2/B1(중급), B2(고급) 단계로 개발되었으며, 각 단계별 교재는 주 교재와 부록으로 분리하였습니다.
- 주 교재는 우즈베크어 구사 능력을 향상하기 위해 어휘와 문법 등을 중심으로 집필하였으며, 각 과의 주제와 중점 학습 내용을 연습할 수 있는 다양한 대화문과 연습문제를 수록하였습니다.
- 부록에는 주 교재의 듣기 연습문제 지문과 연습문제 모범답안 및 심화 학습자를 위한 기타 유용한 어휘, 인덱스(사전) 등으로 정리했습니다. 단, A1 단계에서는 우즈베크어 입문 학습자를 위해 발음 연습편을 부록에 편성했습니다.
- 주 교재는 우즈베크어 학습자의 실질적인 언어 구사력을 향상시키고자 일상생활에서 자주 접할 수 있는 상황과 표현을 중심으로 개발했으며, 공적인 담화와 사적인 담화, 높임말과 반말을 모두 포함시켜 구성하였습니다.
- 주 교재는 우즈베크어 학습자가 정확하고 유창한 우즈베크어를 구사하기 위해 우즈베크어 어휘, 문법, 우즈베크어와 관련된 특정 어휘와 함께 말하기, 듣기, 쓰기, 읽기 등 실질적인 연습 및 활용을 위한 과제를 각 과에 모두 포함시켰습니다.

교재 구성

- 본 교재는 A1(초급), A2/B1(중급), B2(고급) 단계로 구성되어 있으며, 각 단계는 수준에 따라 총 11-13개의 과로 이루어져 있습니다.

- 주 교재의 각 과를 모두 학습하는 데에 기본적으로 4-6시간이 소요됩니다. 물론 이는 학습자의 이해와 과의 난이도와 같은 학습 현장 상황에 따라 소요되는 학습 시간은 유연하게 적용할 수 있습니다.

- 주 교재의 1과부터 3과까지는 부록에 있는 발음 연습 편과 함께 우즈베크어 발음 연습에 집중할 수 있게 했으며, 이 후 각 과에서는 일상생활에서 주로 사용하게 될 새로운 어휘와 문법을 집중 배치하여 실용성을 높였습니다.

- 주 교재 각 과의 첫 페이지는 학습목표와 삽화, 도입 질문으로 구성되어 있습니다. 제시된 삽화를 통해 해당 상황에 대한 이야기를 나누면서 학습자에게 해당 과의 주제와 어휘를 노출하고자 했습니다. 각 과의 본문은 크게 Yangi so'zlar (새로운 단어) Grammatika (문법 설명과 예문), "A" mashqlar guruhi (연습문제)/"B" mashqlar guruhi (대화하기와 듣기/읽기 연습문제) 등으로 구성하여 학습자가 혼자서도 우즈베크어를 체계적으로 배우는데 어려움을 느끼지 않게 하였습니다. 또한 주 교재 각 과의 마지막 부분에는 심층 학습을 원하는 학습자를 위해 해당 과의 주제와 관련한 Qo'shimcha ma'lumotlar (추가 표현)을 정리해 놓았습니다.

- 주 교재에는 우즈베키스탄의 주요 명절, 풍습, 문화와 관련된 한국어 지문과 삽화를 '문화로 보는 우즈베키스탄'이라는 코너명으로 중간 중간 배치하여 우즈베키스탄에 대한 인문, 사회적인 전반적인 이해를 도모하였습니다.

차례

So'z boshi _ 5
머리말 _ 7
일러두기 _ 9
A1 교재 구성표 _ 12
우즈베크어에 관하여 _ 18
우즈베크어, 이것만 알자! _ 23

1-DARS Salomlashuv va tanishuv 인사와 소개 _ 37
2-DARS Kasblar 직업 _ 59
3-DARS Oila 가족 _ 77
4-DARS Joy 장소 _ 97
5-DARS Bayram. Tug'ilgan kun. 명절과 생일 _ 119
6-DARS Vaqt. Kundalik hayot. 시간과 일상생활 _ 145
7-DARS Kecha nima qildingiz? 당신은 어제 무엇을 했나요? _ 177
8-DARS Yo'nalish va transport 방향과 교통수단 _ 197
9-DARS Samarqand – qadimiy shahar. 사마르칸트 – 고대 도시 _ 213
10-DARS Yoqtirish va yoqtirmaslik 좋아하는 것과 좋아하지 않는 것 _ 239
11-DARS Sabab. Taklif. Iltimos. 이유, 제안, 부탁 _ 263

부록 - 발음 연습: 자음과 모음 _ 291
수(數)와 시간 표현 _ 296
문법 _ 299
듣기 활동 지문 _ 309
정답 _ 319
사전 _ 340

A1 교재 구성표

	Dars	Darsning maqsadi
1	Salomlashuv va tanishuv 인사와 소개	• Salomlashuv 인사하기 • Tanishuv 소개하기 • Narsaning nimaligini, shaxsning kimligini aniqlash 사물과 사람 설명하기
2	Kasblar 직업	• Kishilik olmoshlari 인칭대명사 익히기 • Shaxsning qaysi kasb egasiligini aniqlash va aytish 직업이 무엇인지 설명하기 • Shaxsning qaysi mamlakatdanligini aniqlash va aytish 국적 설명하기
3	Oila 가족	• Otlarda egalik kategoriyasi 명사를 활용하여 소유격 표현하기 • Oila a'zolari haqida gapirish 가족 구성원에 대해 말하기
4	Joy 장소	• O'zining va boshqa shaxsning yoshini aytish 자신과 다른 사람의 나이 말하기 • Narsaning narxini so'rab bilish 사물의 가격 알아보기 • Joyning qayerligini aniqlash 장소의 위치 확인하기 • Kim qayerdaligini aytish va aniqlash 누가 어디서 왔는지 확인하기
5	Bayram. Tug'ilgan kun. 명절과 생일	• Sanani aytish 날짜 말하기 • O'zining va boshqa shaxslarning tug'ilgan kunini aytish 자신과 다른 사람의 생일 말하기 • Kimda nima borligini/yo'qligini aytish 누구에게 무엇이 있는지/없는지 말하기 • Oshxonada buyurtma berish 식당에서 주문하기

Lug'at	Grammatika	Qo'shimcha ma'lumotlar
• O'quv qurollari va boshqalar 발음 규칙 • Xona 방	• 지시대명사 • 의문사 *nima?, kim?* • 단수를 복수로 만들어 주는 *-lar* • 평서문, 부정문, 의문문 *-mi?* • *yoki/yo*	• Salomlashuv odobi 우즈베키스탄에서 인사하는 방법
• Kishilik olmoshlari 인칭대명사 • Kasblar 직업 • Mamlakatlar 국가	• 인칭대명사 • 명사/형용사 인칭어미 • 국가 명칭, 국적, 민족 표현하기 • 인칭어미가 동반된 부정문 *emas* 만들기 • 인칭어미가 동반된 의문문 만들기	• Kasblar 직업 명칭 • Mamlakatlar, millatlar, tillar 국가, 민족, 언어
• Oila va boshqalar 가족과 기타 관계	• 소유격 조사 *-ning*와 명사의 인칭 어미를 활용한 소유 표현 • 명사의 인칭 어미 활용 규칙 • *-niki*	• O'zbek tilida ism-shariflarning qo'llanishi haqida 우즈베크어로 이름 부르는 법/호칭
• Sonlar 숫자 • Joylar 장소	• 수(數) • 의문대명사 *necha, qayer* • 명사 수식법 • 처격 *-da*	• Favqulodda telefonlar raqami 우즈베키스탄 긴급전화번호 • Manzilni yozish 주소 적는 방법
• Oylar 월(月) • Taomlar 음식 • Ichimliklar va boshqalar 음료 및 기타	• 의문사 *qaysi*를 활용한 날짜 묻기 • 의문사 *qachon*을 활용한 날짜/시간 묻기 • *bor/yo'q* 있다/없다 • 무엇이/누가 (.....)에 있다/없다 • 의문사 *nechta* • 우즈베크어에서 소유 표현은 소유격 어미 사용	• Navro'z bayrami 나브로즈 명절 • Milliy bayramlar 국경일

Dars		Darsning maqsadi
6	Vaqt. Kundalik hayot. 시간과 일상생활	• Vaqtni soʻrash va aytish 시간 물어보기와 말하기 • Hafta kunini aniqlash 요일 구분하기 • Kundalik hayoti haqida soʻzlab berish 일상생활에 대해 말하기
7	Kecha nima qildingiz? 당신은 어제 무엇을 했나요?	• Bajarilgan ish-harakatni ifodalash 과거 수행한 일/행동 표현하기
8	Yoʻnalish va transport 방향과 교통수단	• Kim qayerga borganini soʻrash va aytish 누가 어디에 갔는지를 물어보고 설명하기 • Kim qayerga kim bilan borganini soʻrash va aytish 누가 어디에 누구와 함께 갔는지를 물어보고 설명하기
9	Samarqand – qadimiy shahar. 사마르칸트 – 고대 도시	• ʻkoʻp/ozʼ soʻzlarining ishlatilishi ʻ많은/적은ʼ 단어 활용하기 • Narsa yoki shaxsning belgisini ifodalash 사물이나 사람이 어떠한지 표현하기 • Qiyosiy darajani ifodalay bilish 비교급 표현법 배우기 • Orttirma darajani ifodalay bilish 사동사 표현법 배우기

Lug'at	Grammatika	Qo'shimcha ma'lumotlar
• Hafta kunlari 요일 • Vaqtga doir soz'lar 시간 관련 단어 • Joylar 장소 • Kundalik hayotga doir fe'llar 일상생활과 관련한 동사	• 의문사 *qaysi*를 활용한 요일 묻기 • 시간을 물어볼 때 쓰는 *necha* • 동사(*fe'l*) 활용 • 현재-가까운 미래시제 • 시간 물어보기 • 시간 관련 부사 • *A-dan B-gacha*	• Kun tartibiga doir so'zlar 일과와 관련 단어
• Fe'llar 동사 • Vaqt 시간 • Sifatlar 형용사 • Taomlar 음식	• 명사/형용사로 구성된 서술어의 과거 표현 • 동사의 단순과거 시제	• O'zbek milliy taomlari 우즈베키스탄 전통 음식 • Non 빵
• Fe'llar 동사 • Transport vositalari 교통수단 • Shaharlar 도시	• *-ga* 여격 • *-da* 처격 • 후치사 *bilan*	• Transport vositalari 교통수단
• Sifatlar 형용사 • Joylar 장소	• 형용사 *sıfat* • *ko'p, oz, uncha ~ emas* • 의문형용사 *qanday, qanaqa* • 접속사 *va, lekin* • 형용사의 원급, 비교급, 최상급	• Ranglar 색 • Ta'mlar 맛

Dars		Darsning maqsadi
10	Yoqtirish va yoqtirmaslik 좋아하는 것과 좋아하지 않는 것	• Kim nimani yoqtirishi/yoqtirmasligini ifodalash 누가 무엇을 좋아하는지/좋아하지 않는지를 표현하기
11	Sabab. Taklif. Iltimos. 이유, 제안, 부탁	• Qaysi tilni qay darajada bilishini aytish 어떤 언어를 어느 정도로 아는지 말하기 • Sababni ifodalash 이유/원인 표현하기 • Biror narsa qilishni taklif qilish 어떤 일을 하기를 제안/초청하기 • Iltimos qilish yoki buyruq berish 부탁하기 혹은 명령 내리기

Lug'at	Grammatika	Qo'shimcha ma'lumotlar
• Oziq-ovqatlar 음식 • Sport turlari 스포츠 종류 • Musiqa 음악	• 동명사 *-(i)sh* • *-ga yoqmoq* • 목적격 *-ni*	• Oziq-ovqatlar 식료품
• Tillar 언어 • Fe'llar 동사 • Ko'p qo'llanadigan ifodalar 자주 쓰는 표현	• *-ni bilmoq* ~을 알다 • 접속사 *shuning uchun* • 의문사 *nimaga?/nega?* • 접속사 *chunki* • 명령법 *Buyruq-istak mayli*	• Ramazon oyi haqida 라마잔 달(月)에 대해서

우즈베크어에 관하여

우즈베크어 소개

우즈베크어는 투르크어의 일종이다. 투르크어 계통에는 터키어, 아제리어, 투르크멘어, 카자흐어, 키르기스어, 타타르어, 위구르어 등이 있는데, 전 세계 약 1억 5천 명에 이르는 사람들이 사용한다. 이 중 우즈베크어와는 위구르어(중국 신장위구르 자치구에 거주하는 위구르인의 모국어)가 가장 비슷하다. 이들 투르크어 계통 언어들은 서로 공통된 특성을 가지고 있는데 그중 가장 중요한 점은 바로 '문장 구조'이다. 이들 언어를 소위 "교착어(膠着語)"라고 부르는데, 명사와 동사 원형에 접미사를 붙여 문법적 기능이 표현된다.

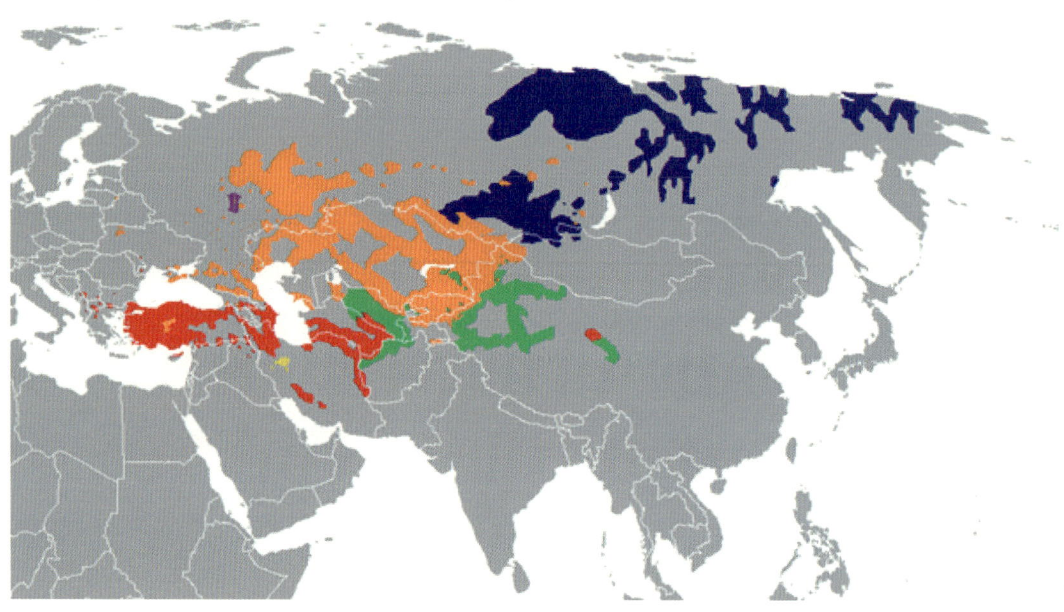

- 남서 투르크어(오구즈어: 터키어 등)
- 동남 투르크어(차가타이어: 우즈베크어 등)
- 북서 투르크어(큽차크어: 카자흐어, 키르기스어 등)
- 북동 투르크어(시베리아 투르크어: 야쿠트어 등)

우즈베크어 사용 인구는 약 3,300만 명으로 주로 우즈베키스탄에 거주하며, 그 밖에도 중앙아시아 국가들과 아프가니스탄(제3위 공식어)에도 우즈베크어를 사용하는 인구가 있다. 우즈베크어 어휘에는 아랍어와 페르시아어가 많이 발견되며, 또한 소련의 통치를 받을 당시 러시아어에서 가져온 단어(행정 및 과학 관련 용어)들도 많이 찾아볼 수 있다. 1991년 독립 이후 우즈베키스탄은 이러한 러시아어 단어들을 우즈베크어로 바꾸는 작업을 정부 차원에서 추진하고 있다.

우즈베크어 사용자 분포

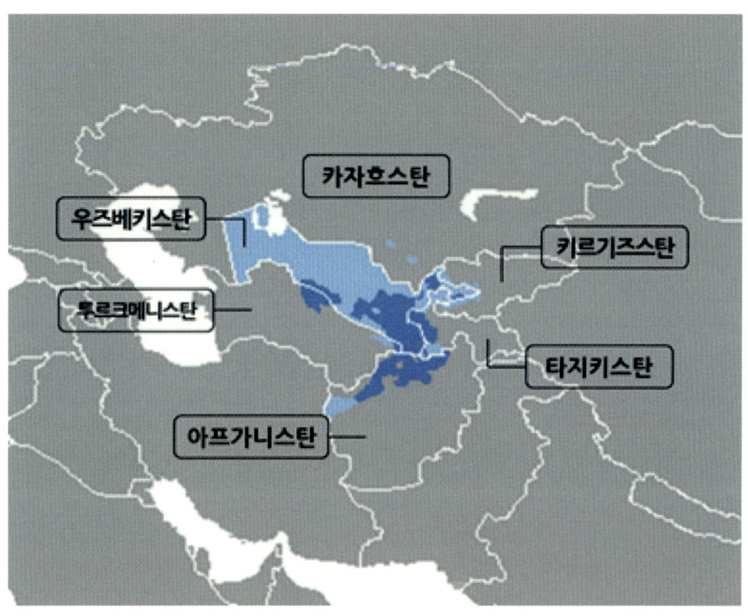

우즈베크어에는 다양한 방언이 있다. 우즈베키스탄에서 사용되는 우즈베크어는 많은 방언과 지역별 특색을 가지고 있다. 일반적으로 우즈베크어 방언은 크게 세 집단—오구즈(O'g'uz) 방언, 큽착(Qipchoq) 방언, 타슈켄트-페르가나(Toshkent-Farg'ona) 방언—으로 나눌 수 있다. 우선 오구즈 방언은 투르크메니스탄과 인접한 호라즘(Xorazm) 남부 지역에서 주로 사용되며 오구즈 계열에 속하는 투르크멘어(투르크계)와 유사한 언어적 특징을 지닌다. 큽착 방언은 카슈카다리요(Qashqadaryo), 수르한다리요(Surxondaryo), 카자흐스탄 남부, 지자흐(Jizzax), 사마르칸트(Samarqand) 지역에서 사용되며 카자흐어 및 카라칼팍어와 유사하다. 끝으로 타슈켄트-페르가나 방언(도시 방언이라고도 함)은 말 그대로 타슈켄트(Toshkent), 페르가나(Farg'ona), 안디잔(Andijon), 나만간(Namangan),

코콘(Qo'qon) 등 우즈베키스탄 동부 도시에서 주로 사용된다. 통상 매스컴이나 인쇄물에 쓰이는 표준 우즈베크어는 타슈켄트-페르가나 방언을 토대로 한다.

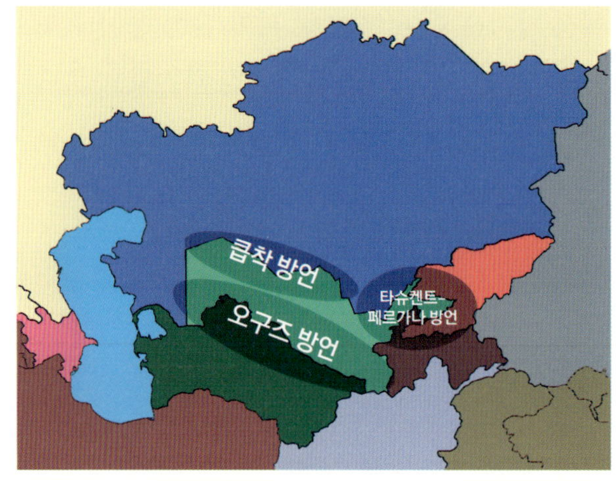

우즈베키스탄 동부에 위치한 페르가나 방언이 우즈베키스탄 표준 우즈베크어에 가장 가깝다고 볼 수 있다. 아프가니스탄에도 "남부 우즈베크어"라고 불리는 방언이 있는데, 이는 공식 우즈베크어 어휘 및 문법과 비교해서 약 1/4가량이 다르고 아랍어로 표기한다.

이 책에서는 우즈베키스탄에서 가장 많이 사용되는 표준 우즈베크어를 기준으로 우즈베크어를 설명할 것이다.

☑ 우즈베크어 표기 변천사

우즈베크어는 20세기에만 여러 차례 표기 문자가 바뀌는 경험을 했다. 1923년까지 우즈베크어는 수 세기 동안 중앙아시아 언어들의 표기 문자였던 아랍어 문자에 수정이 이루어졌다. 이후 1929년 라틴 문자로 대체되었지만 오래 지나지 않아 1940년 키릴 문자가 우즈베크어 표기 문자로 채택되었다. 이후 약 50여 년이 지난 후인 1993년 우즈베키스탄 정부는 라틴 문자를 우즈베크어 공식 표기 문자로 선언했다.

이 교재에서는 1996년 최종 수정을 거친 새 라틴 문자를 사용하여 우즈베크어를 설명하고 있다. 이미 영어나 그 밖의 라틴 문자를 익힌 이들에게는 우즈베크어를 라틴 문자로 배우는 것이 키릴 문자로 배우는 것보다 쉬울 것이다. 그렇지만 현재도 많은 전문 서적과

문학작품 및 사전들은 키릴 문자로 출판되기 때문에 고급 수준으로 갈수록 키릴 문자에 익숙해지는 것 역시 우즈베크어를 배우는 데 필요하다.

라틴 문자로 표기된 우즈베크어 문자 순서와 키릴 문자로 표기된 우즈베크어 문자 순서가 서로 다르니 각각 어떤 순서로 구성되어 있는지 확인할 필요가 있다.

O'zbek alifbosi 우즈베크어 알파벳

라틴문자	키릴문자	대표적인 음가		라틴문자	키릴문자	대표적인 음가	
		IPA	한글 자모			IPA	한글 자모
A, a	А а	a, æ	[아]/[야]	T, t	Т т	t	[테]
B, b	Б б	b	[베]	U, u	У у	u	[우]
D, d	Д д	d̪	[데]	V, v	В в	v, w	[붸]
E, e	Е е	e	[에]	X, x	Х х	χ	[헤]
F, f	Ф ф	ɸ	[페]	Y, y	Й й	j	[예]
G, g	Г г	g'	[게]	Z, z	З з	z	[제]
H, h	Ҳ ҳ	h	[헤]	O', o'	Ў ў	o	[오]
I, i	И и	i	[이]/[으]	G', g'	Ғ ғ	ɣ	[게]
J, j	Ж ж	dʒ	[제]	Sh, sh	Ш ш	ʃ	[쉐]
K, k	К к	k'	[케]	Ch, ch	Ч ч	tʃ	[체]
L, l	Л л	l	[레]	Ng, ng	нг	ŋ	[응]
M, m	М м	m	[메]	'	ъ	tutuq belgisi (apostrof)	모음 뒤에 오면 모음을 길게, 자음 뒤에 오면 끊어 읽기
N, n	Н н	n	[네]				
O, o	О о	ɔ	[어] ([오]와 [아] 사이 발음)				
P, p	П п	p	[페]				
Q, q	Қ қ	q	[케]				
R, r	Р р	r	[레]				
S, s	С с	s	[쎄]				

우즈베크어 문자

우즈베크어는 현재 공식적으로는 라틴 문자로 표기한다. 우즈베크어는 자음 23자와 모음 6자로 모두 29자의 음소로 이루어진다.

이 중 우즈베크어 고유 문자는 G‘, g‘, O‘, o‘, Ng, ng이다. 대부분의 자음과 모음은 발음 면에서 대체로 유사하지만 몇몇은 차이점을 보이기 때문에 실제 어떻게 발음되는지 유의해서 익혀야 한다.

우즈베크어 발음

1. 우즈베크어의 자음과 모음 (총 29개)

자음(23개)	b, d, f, g, h, j, k, l, m, n, p, q, r, s, t, v, x, y, z, g‘, sh, ch, ng
모음(6개)	a, e, i, o, u , o‘

2. 우즈베크어 자음

우즈베크어에서 자음은 총 23개로 b, d, f, g, h, j, k, l, m, n, p, q, r, s, t, v, x, y, z, g‘, sh, ch, ng이 해당한다. 이 중 h, q, x, g‘ 등과 같은 자음은 목구멍 안쪽에서 나오는 거친 발음이다. y는 반자음이다.

3. 우즈베크어 모음

우즈베크어에서 모음은 총 6개로 a, e, i, o, u, o‘가 해당한다. 우즈베크어 모음은 발음이 단어의 앞에 오는지 중간에 오는지 혹은 끝에 오는지에 따라 하나의 음소가 다양하게 발음되기도 한다. 예를 들어, a는 [아] 또는 [야]로, e는 [에], i는 [이] 또는 [으], o는 [오]와 [아] 사이의 발음인 [어]로 한국어로 정확하게 일치되는 발음이 아니기 때문에 주의해야 한다. u는 [우]로, o‘는 [오]로 발음한다.

우즈베크어, 이것만 알자!

1. 우즈베크어 어순은 주어(S)–목적어(O)–동사(V) 순으로 한국어와 동일하다.
2. 우즈베크어는 한국어, 터키어, 일본어 등과 같은 교착어(agglutinative language)이다.
3. 우즈베크어에는 성(性)에 대한 범주도 관사도 없다.
4. 우즈베크어에는 주격, 소유격, 여격, 처격, 탈격, 목적격 등 총 6개의 격(格)이 있다.
5. 우즈베크어에서는 명사와 명사가 나란히 올 때 명사 간의 관계를 구체화하기 위한 목적으로 일정한 어미를 붙이는데, 이를 '명사수식법'이라고 하며 우즈베크어의 주요 문법적 특징 중 하나이다.
6. 우즈베크어에서 '가지고 있다'라는 소유의 의미는 소유접미사를 사용하여 표현한다.
7. 우즈베크어에서는 시제, 부정(不定), 가정, 명령, 의문 등의 표현은 술어부에 해당 접미사를 활용하여 만든다.
8. 우즈베크어에서 특별한 격조사와 짝을 이루는 후치사에 주목하자.
9. 우즈베크어에는 동사를 여러 개 연결하여 의미를 풍성하게 해주는 표현이 발달해 있다.
10. 우즈베크어에서 의문사가 없는 의문문은 문장 제일 끝에 -mi만 붙여주면 된다.

1. 우즈베크어 어순은 주어(S)–목적어(O)–동사(V) 순으로 한국어와 동일하다.

우즈베크어 어순은 한국어와 동일하다. 기본 구조는 '주어(S)–목적어(O)–동사(V)'로 이루어진다. 대략 '주어–특정 시간 혹은 다른 부사 표현–명확한 목적어(-ni)–특정 장소 혹은 방향(-da, -ga, -dan)–동사' 순이지만, 주어와 동사(서술부)의 위치를 제외하고는 나머지 요소들은 위치에 크게 구애받지 않는 편이다.

예시 1

한국어	나는	책을	읽는다.	
우즈베크어	Men	kitobni	o'qiyman.	
한국어	이	예쁜	꽃들을	보아라!
우즈베크어	Mana bu	chiroyli	gullarga	qarang!

한국어 어제 그들은 집으로 돌아갔다.
우즈베크어 Kecha ular uyga qaytdilar.

우즈베크어의 수식어는 피수식어 바로 앞에 위치한다. 피수식어 뒤에서 수식해주는 경우는 없다.

예시 2

한국어 안읽은 새로운 책
우즈베크어 o'qimagan yangi kitob

한국어 읽은 헌 책
우즈베크어 o'qigan eski kitob

2. 우즈베크어는 한국어, 터키어, 일본어 등과 같은 교착어(agglutinative language)이다.

우즈베크어는 한국어, 터키어, 일본어 등과 같은 교착어(agglutinative language, 또는 첨가어 affixing language라고도 함)로, 어근(語根)에 접사(接辭)가 결합되어 문장 내에서의 각 단어의 기능을 나타낸다. 따라서 뿌리가 되는 어간 부분은 변하지 않으며, 그 뒤로 시제, 부정, 존칭, 단/복수, 가정 등의 어미가 붙어 의미상의 변화를 만든다. 이는 알타이어 계통에서 나타나는 특징이며, 우즈베크어를 비롯하여 한국어 · 터키어 · 일본어 등이 여기에 포함된다. 다음 예시에 이러한 교착어의 특징이 잘 나타난다.

예시 1

우즈베크어	한국어
Siz o'qi-yap-siz-mi?	당신은 공부하고 있나요?
2인칭 대명사 o'qi(동사어간)+yap(현재진행)+siz(2인칭어미)+mi?(의문사)	
Siz o'qi-ma-yap-siz-mi?	당신은 공부하고 있지 않나요?
2인칭 대명사 o'qi(동사어간)+ma(부정)+yap(현재진행)+siz(2인칭어미)+mi?(의문사)	

3. 우즈베크어에는 성(性)에 대한 범주도 관사도 없다.

우즈베크어는 한국어와 마찬가지로 남성, 여성, 중성과 같은 성에 대한 범주도, 부정관사 및 정관사도 존재하지 않는다. 이러한 이유로 한국인이 우즈베크어를 배울 때는 러시아어나 프랑스어와 같이 동사, 명사, 형용사 등이 성에 따라 변화하는 언어를 배울 때보다 훨씬 쉽고 편하다고 느끼는 편이다. 다만, 성 구분이 없기 때문에 인칭 대명사로 표현할 때 남성인지 여성인지 확인하기 위해서는 문맥이나 상황을 살펴봐야 한다.

예시 1
그들은 새로운 학생들이다. Ular yangi talabalar.

위의 문장에서 '그들이' 남성인지 여성인지 명확히 판단할 수 없다.

4. 우즈베크어에는 주격, 소유격, 여격, 처격, 탈격, 목적격 등 총 6개의 격(格)이 있다.

우즈베크어에는 한국어와 마찬가지로 총 7개의 격을 가지고 있는데, 주격, 소유격, 여격, 처격, 탈격, 목적격이 해당한다. 특이한 점은 한국어의 주격에는 '은/는/이/가'가 붙는 반면, 우즈베크어 주격에는 어떠한 표시도 없다는 점이다. 순서대로 각각의 격조사를 살펴보자.

[주격]

예시 1에서와같이, 한국어에 '알리쉐르'란 사람 이름 다음에 '-가'라는 주격 조사가 오지만 우즈베크어에는 아무런 주격 표시가 없다.

예시 1

한국어	알리쉐르-가	책-을	읽는다.
우즈베크어	Alisher-ø	kitob-ni	o'qiydi.

예시 2는 술부에 명사가 위치할 경우, 한국어의 경우 '학생-이다'와 같이 '-이다'라는 서술격 조사가 위치하는 반면 우즈베크어에는 이에 해당하는 조사가 없이 명사만 쓰이고 있음(talaba-ø)을 보여준다.

예시 2

한국어	알리쉐르-는 학생-이다.
우즈베크어	Alisher-ø—talaba-ø.

[소유격]

우즈베크어에서 소유격은 -ning이다. 우선 인칭대명사를 활용하여 소유격 형태를 만들어 보자.

	한국어	우즈베크어	소유격조사	우즈베크어 단수		복수	
1인칭	나 우리	men biz	-의/-ning	men-ning	**mening***	biz-ning	**bizning**
2인칭	너 당신(존칭)	sen siz	-의/-ning	sen-ning	**sening***	siz-ning	**sizning**
3인칭	그/그녀 그들	u ular	-의/-ning	u-ning	**uning**	ular-ning	**ularning**

예시 1을 보면, 각각의 인칭대명사 끝에 -ning을 붙여주는 형태로 소유격을 만들 수 있다. 단, 표 내 *의 경우처럼 소유격조사가 붙는 명사의 마지막 음소가 n일 경우 소유격 -ning의 첫 음소와 n이 충돌하기 때문에 이 중 하나의 n은 탈락시키고 쓴다. 이 두 경우를 제외하고 모든 소유격은 본래 주어진 소유자에 -ning을 붙여 만들면 된다.

주의할 점은 어떤 대상에 소유의 의미가 부여되면 반드시 소유접미사가 따라온다는 것이다. 즉, '소유자-ning 피소유물-소유접미사'의 문법 구조를 띄게 되며, 여기서 소유접미사는 인칭과 수(數)에 따라 모두 다른 형태를 가진다. 한국어와는 다른 우즈베크어만의 특징으로 아래 인칭대명사를 활용한 예시 2를 통해 확인해 보자.

예시 2

인칭	인칭대명사	자음으로 끝나는 명사	모음으로 끝나는 명사
		kitob (책)	bola (아이)
1인칭 단수	mening	kitob-**im** (나의 책)	bola-**m** (나의 아이)
2인칭 단수	sening	kitob-**ing** (너의 책)	bola-**ng** (너의 아이)
3인칭 단수	uning	kitob-**i** (그/그녀의 책)	bola-**si** (그/그녀의 아이)
1인칭 복수	bizning	kitob-**imiz** (우리의 책)	bola-**miz** (우리의 아이)
2인칭 존칭	sizning	kitob-**ingiz** (당신의 책)	bola-**ngiz** (당신의 아이)
3인칭 복수	ularning	kitob-**i** (그들의 책)	bola-**si** (그들의 아이)

한국어에서는 피소유물에는 어떠한 접미사도 붙지 않지만, 우즈베크어에서는 소유자에는 소유격조사 -ning과 피소유대상에는 소유자의 인칭과 수에 따른 소유접미사가 반드

시 따라온다. 예시 3 역시 이러한 문법적 특징이 잘 나타난다.

예시 3

한국어	알리쉐르-의	책-ø
우즈베크어	Alisher-ning	kitob-i
한국어	나-의	책-ø
우즈베크어	men-(n)ing	kitob-im
한국어	딜로롬-의	자동차-ø
우즈베크어	Dilorom-ning	mashina-si

단, 피소유물의 마지막 음소가 자음으로 끝날 때는 -i, 모음으로 끝날 때는 -si가 온다는 점을 기억하자.

[처격(장소 격조사): -da]

우즈베크어에서 처격이란 행동과 대상의 장소, 위치를 설명하는 격조사로 -da의 형태를 취하며, '~에서, ~에'의 의미를 지닌다.

예시 1

우즈베크어	한국어
Men Toshkent-da turaman.	나는 타쉬켄트-에 산다
Alisher Seul-da tug'ilgan.	알리쉐르는 서울-에서 태어났다.

이 밖에도 처격 -da는 수단과 방법, 시간을 설명할 때도 사용한다.

예시 2

우즈베크어	한국어
Men mashina-da boraman.	나는 자동차-로 갑니다.
U qalam-da yozadi.	그는 연필-로 쓴다.
U soat ikki-da keldi.	그는 2시-에 왔다.

[여격(방향 격조사): -ga]

여격은 행동의 방향, 목적, 목표를 나타내는 격조사로 -ga의 형태를 취하며 '~로, ~에게'의 의미를 가진다.

예시 1

우즈베크어	한국어
Men bozor-ga bordim.	나는 시장-에 갔다.
U men-ga kitob berdi.	그는 나-에게 책을 주었다.

[탈격(출발점, 분리, 원인을 나타내는 격조사): -dan]

탈격은 행동의 출발점, 분리, 원인을 나타내며 '~에서, ~부터 ~이기 때문에'라는 의미를 지닌다.

우즈베크어	한국어
U Samarqand-dan keldi.	그는 사마르칸드-에서 왔다.
Soat bir-dan uchgacha	1시-부터 3시까지
Tanishganim-dan xursandman.	만나게 되어 기쁩니다.

[목적격(특정 대상을 나타내는 격조사): -ni]

목적격은 타동사의 앞에 위치하며 '~을/를'의 뜻을 지닌다.

우즈베크어	한국어
Biz bu uy-ni sotib olmoqchimiz.	우리는 이 집-을 사려고 한다.
Men eshik-ni yopdim.	나는 문-을 닫았다

5. 우즈베크어에서는 명사와 명사가 나란히 올 때 명사 간의 관계를 구체화하기 위한 목적으로 일정한 어미를 붙이는데, 이를 '명사수식법'이라고 하며 우즈베크어의 주요 문법적 특징 중 하나이다.

우즈베크어에서는 명사와 명사가 병렬로 연결되면서 앞에 있는 명사가 수식어가 되고 뒤에 오는 명사가 피수식어가 될 경우 뒤에 오는 명사에 일정 표시를 하는데 이를 '명사수식법'이라 한다. 크게 2가지 형태가 존재하는데, 1) 수식명사-ning+피수식명사(s)i 또는 2) 수식명사-ø+피수식명사(s)i의 형태로 나뉜다. 여기서 피수식 명사가 자음으로 끝나면 -i, 모음으로 끝나면 -si를 붙이는데, 아래 예시를 통해 살펴보자.

[수식명사-ning+피수식명사(s)i 유형]

우즈베크어		한국어	
수식명사	피수식명사	수식명사	피수식명사
stol-ning	tag-i	책상-의	밑-ø
mashina-ning	ega-si	자동차-의	주인-ø

[수식명사-ø+피수식어(s)i 유형]

우즈베크어		한국어	
수식명사	피수식명사	수식명사	피수식명사
O'zbekiston	Respublika-si	우즈베키스탄	공화국-ø
o'zbek	til-i	우즈베크	언어-ø
Sharqshunoslik	institut-i	동방학	대학교 -ø

6. 우즈베크어에서 '가지고 있다'라는 소유의 의미는 소유격 어미를 사용하여 표현한다.

우즈베크어로 무엇을 '소유하다', '가지다', '존재하다', '필요하다'에 해당하는 동사가 없다. 이를 표현하기 위해서는 일정한 소유접미사를 활용하거나 혹은 특정 형용사를 활용한다.

[존재, 소유의 표현]

우선, '무엇이 있다' 혹은 '무엇이 없다'라는 표현은 우즈베크어로 '명사 bor(있다)', '명사 yo'q(없다)'의 구조로 통일된다. 다음 예시를 보자.

예시 1

우즈베크어	한국어
O'zbekcha-koreyscha lug'at bor.	우즈베크어-한국어 사전이 있다.
O'zbekcha-koreyscha lug'at yo'q.	우즈베크어-한국어 사전이 없다.

만일, '누구에게 무엇이 있다' 혹은 '없다'라는 의미로 쓸 경우에는 장소격조사인 -da를 활용하여, '대명사/명사-da bor(~에게 있다)', '대명사/명사-da yo'q(~에게 없다)'의 형식을 따른다.

예시 2

우즈베크어	한국어
Men-da o'zbekcha-koreyscha lug'at bor.	나에게 우즈베크어-한국어 사전이 있다.
Men-da o'zbekcha-koreyscha lug'at yo'q.	나에게 우즈베크어-한국어 사전이 없다.

만일 누군가가 무엇을 소유하다, 즉 누군가의 소유임을 알리고 싶을 때는 소유격조사 -ning을 활용하여, '대명사/명사-ning 명사+소유접미사 bor(가지고 있다)' 혹은 '대명사/명사-ning 명사+소유접미사 yo'q(가지고 있지 않다)'의 형식을 따른다.

예시 3

우즈베크어	한국어
Mening o'zbekcha-koreyscha lug'at-im bor.	나는 우즈베크어-한국어 사전을 가지고 있다.
Mening o'zbekcha-koreyscha lug'at-im yo'q.	나는 우즈베크어-한국어 사전을 가지고 있지 않다.

예시 3에서는 사전의 소유자가 나(men)라는 정보가 lug'at에 -im이라는 1인칭 소유접미사가 붙음으로써 명확히 드러난다. 이에 반해 예시 2에서는 lug'at에 아무런 소유접미사가 없기 때문에 나한테 사전이 있긴 하지만 그것이 내 소유 여부는 불분명하다.

[필요 여부]

다음으로는 필요성을 나타내는 표현이다. 우즈베크어에는 '필요하다'라는 동사가 없기 때문에 kerak(필요한)이라는 형용사를 사용하여 '누구-에게(ga) 무엇이 필요한(kerak)'이라고 말해야 한다. 문장 구조는 '대명사/명사-ga 명사 kerak(필요한)' 또는 '대명사/명사-ga 명사 kerak emas(필요하지 않는)'이다. '… kerak emas'에서 emas는 현재 시제에서 명사/형용사 부정접미사이다. 아래 예시 4를 보자.

예시 4

우즈베크어	한국어
Men-ga oʻzbekcha-koreyscha lugʻat kerak.	나-에게 우즈베크어-한국어 사전이 필요하다.
Men-ga oʻzbekcha-koreyscha lugʻat kerak emas.	나-에게 우즈베크어-한국어 사전이 필요하지 않다.

7. 우즈베크어에서는 시제, 부정(不定), 가정, 명령, 의문 등의 표현은 술어부에 해당 접미사를 활용하여 만든다.

우즈베크어에서 술어부는 문장의 모든 정보, 즉 언제 일어난 행위인지(시제), 누가 한 행위인지(인칭)나 이 문장이 긍정인지 부정인지, 의문인지 아닌지, 명령형인지 가정법이 사용됐는지 등 모든 접미사가 교착되어 나타나는 장소이다. 이러한 이유 때문에 우즈베크어에서는 종종 주어를 생략해도 술어부만 명확히 표현하면 이해하는 데 전혀 지장이 없다. 예시 1을 보자.

예시 1

우즈베크어	한국어
Siz Oʻzbekistondan keldingizmi? * kel-di-ngiz-mi?동사어간-과거-2인칭존칭-의문사?	당신은 우즈베키스탄에서 왔습니까?
Men bugun bozorga bormadim. * bor-ma-di-m동사어간-부정-과거-1인칭접미사	나는 오늘 시장에 가지 않았다.
Agar u yangi talaba boʻlsa, sen unga kitob bergin. * '-sa' 가정법, ber-gin동사어간-2인칭 명령어미	만일 그가 새로운 학생이라면, 네가 그에게 책을 줘라.

예시 1을 보면, 밑줄 쳐 놓은 각 문장의 술어부에 그 문장의 시제와 인칭, 부정, 가정, 명령, 의문 관련 접미사가 동사어간 바로 뒤에 교착되어 나타남을 알 수 있다. 접미사가 오는 순서는 대체로 '부정–시제–인칭 어미–의문사' 순이다.

8. 우즈베크어에서 특별한 격조사와 짝을 이루는 후치사에 주목하자.

우즈베크어에는 명사 뒤에 위치하는 후치사(後置詞)라는 것이 존재한다. 문장 구조 속에서 후치사의 역할은 영어의 전치사와 유사하나, 명사의 뒤에 위치한다는 점과 해당 명사에 특정한 격조사(주격, 여격, 탈격)와 짝을 이룬다는 점을 기억하자. 다음 예시를 통해 확인해보자.

1) 주격과 짝을 이루는 후치사: uchun ~를 위해, bilan ~와 함께, orqali ~를 통하여, haqida ~에 대하여 등

예시 1

Men	mehmonlar-ø	uchun	milliy	taomlar-ni tayyorladim.
나	손님들(주격)	위해(후치사)	전통음식들-을	준비됐다.

→ 나는 손님들을 위해 전통음식들을 준비했다.

Dilorom-ø	dugonasi-ø	bilan	maktab-ga	borib kelmoqchi.
딜로롬	그녀의 친구(주격)	함께(후치사)	학교-에 갔다 올 예정이다.	

→ 딜로롬은 그녀의 친구와 함께 학교에 갔다 올 예정이다.

2) 여격과 짝을 이루는 후치사: koʻra ~에 따르면, qarshi ~에 대항하여, qaramasdan ~에 상관없이/~에도 불구하고 등

예시 2

Tekshiruv natijalari-ga	koʻra,	bu voqea	kecha sodir boʻldi.
검사 결과-에(여격)	따르면(후치사),	이 사건은	어제 발생했다.

→ 검사 결과에 따르면, 이 사건은 어제 발생했다.

3) 탈격과 짝을 이루는 후치사: keyin ~ 후에, tashqari ~ 밖에/제외하고 등

예시 3

Bir oy-dan	keyin	singlim	turmushga chiqmoqchi.
한 달(탈격)	후에(후치사)	내 여동생은	결혼할 것이다.

→ 한 달 후에 내 여동생은 결혼할 것이다.

9. 우즈베크어에는 동사를 여러 개 연결하여 의미를 풍성하게 해주는 표현이 발달해 있다.

'나는 오늘 밥을 먹고 옷을 입고 친구를 만나러 나갔다'에서 '먹다', '입다', '만나다', '나갔다' 등 동일한 주어를 대상으로 여러 동사가 '~하고'의 접미사를 통해 병렬로 나열됨을 알 수 있다. 이와 마찬가지로 우즈베크어도 동사를 병렬로 나열하고 동사어간에 -(i)b을 붙여 표현 가능하다. 형태는 동사가 2개 이상 있을 경우 맨 마지막 동사를 제외한 나머지 앞에 위치한 동사어간에 -(i)b을 붙여준다. '동사어간-(i)b'의 형태를 지니며, 의미상으로 크게 세 유형으로 정리 가능하다.

1) 동사 활용(사건의 연속): 연결되는 두 동사의 주어는 동일하다.

우즈베크어	한국어
Eshikni och-ib uyga kirdim.	나는 문을 열고 집으로 들어갔다.
Uyga kel-ib sizga telefon qildim.	집에 오고 너에게 전화했다.

2) 동사 결합: 2개 이상의 동사가 합쳐져 새로운 의미를 만든다.

우즈베크어	한국어
Kalitni ol-ib keladi.	그는 열쇠를 가져올(가지다+오다) 것이다.
Xivaga yaxshi bor-ib keling.	히바에 잘 다녀와(가다+오다)요.

3) 조동사: 동사 뒤에 붙어 앞의 동사가 가지는 의미에 '계속'(동사 turmoq), '갑자기'(동사 qolmoq), '시도'(동사 ko'rmoq)와 같은 부가적인 의미를 부여한다. 이러한 이유로 뒤에 오는 동사를 조동사라고 하며, 문장에서 조동사가 빠져도 의미상으로 큰 변화는 없다.

우즈베크어	한국어
Sizni kutib turaman.	당신을 기다릴 것이다. : kut-(기다리다)에 tur-(머물다)라는 동사가 보조적으로 와서 '계속', '지속'의 의미를 부여한다.
Kecha kasal bo'lib qoldim.	난 어제 병이 나버렸다. : bo'l-(되다)에 qol-(남다)라는 동사가 보조적으로 와서 '갑자기' 발생했다는 의미를 부여한다.
Yeb ko'ring.	먹어보세요. : ye-(먹다)에 ko'r-(보다)라는 동사가 보조적으로 와서 '시도'해보다라는 의미를 부여한다.

10. 우즈베크어에서 의문사가 없는 의문문은 문장 제일 끝에 -mi만 붙여주면 된다.

우즈베크어의 의문문은 크게 두 종류로 구분된다. 하나는 의문사가 있는 의문문이며, 다른 하나는 의문사 없이 평서문 끝에 그저 -mi?만 붙여주면 된다. 우선 의문사가 있는 의문문을 예시 1에서 살펴보자.

[의문사가 있는 의문문]

예시 1

우즈베크어	Kim	keladi?
한국어	누가(의문사)	오나요?
우즈베크어	Bu	nima?
한국어	이것은	무엇인가요?(의문사)
우즈베크어	Nimaga	sotib oldingiz?
한국어	왜(의문사)	(당신은) 샀나요?

우즈베크어	Bu	qanday	kitob?
한국어	이것은	어떤(의문사)	책인가요?

우즈베크어	Koreyaga	qachon	ketasiz?
한국어	한국에	언제(의문사)	(당신은) 가십니까?

아래 표는 우즈베크어의 의문사의 종류를 정리한 것이다.

의문사	
우즈베크어	한국어
kim	누구
nima	무엇
qanday/qalay/qanaqa	어떠한
qaysi	어느 종류의 (which)
necha	얼마나 (양으로 따지는 것)
nechta	얼마나 (셀 수 있는 것)
qancha	얼마나 (how much)
qayerlik	어디로부터(국적)
qayerda	어디 (장소)
qayerga	어디, 어느 쪽으로
qayerdan	어디로부터
qachon	언제
nega/nimaga	왜

[의문사가 없는 의문문: -mi?]

한편, 의문사가 없는 의문문은 평서문 문장 끝에 -mi?만 붙이면 된다. 이 의문접미사가 바로 한국어의 '~까?', '~요?'와 같은 의미를 지니며, 예시 2에서 설명하고 있다. -mi?를 사용하는 의문문의 경우 대답은 '예(ha)/아니오(yo'q)'로 한다. 의문사가 있는 의문문 말미에 -mi 접미사가 오는 것은 문법적으로 오류다.

예시 2

우즈베크어	Bu	kitob-mi?	– Ha,	bu —	kitob.
한국어	이것은	책입니-까?	– 네,	이것은	책입니다.

우즈베크어 Siz Toshkentga ketyapsiz-mi?
– Yo'q, men Toshkentga ketmayapman.
한국어 당신은 타슈켄트로 가고 있습니-까?
– 아니요, 나는 타슈켄트에 가고 있지 않습니다.

우즈베크어	Bugun	havo	issiq-mi?	– Ha,	juda	issiq.
한국어	오늘	날씨가	더워-요?	– 네,	매우	더워요.

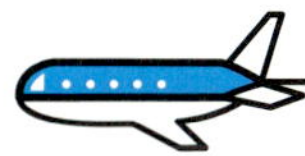

1-DARS

Salomlashuv va tanishuv
인사와 소개

Darsning maqsadi (학습목표)

- Salomlashuv 인사하기
- Tanishuv 소개하기
- Narsaning nimaligini, shaxsning kimligini aniqlash 사물과 사람 설명하기

Kirish savollar (도입 질문)

1. Oʻzbekiston haqida nimalarni bilasiz? 우즈베키스탄에 대해 무엇을 알고 있나요?
2. Oʻzbek tilida qaysi alifbodan foydalaniladi? 우즈베크어는 어떤 문자를 쓸까요?
3. Oʻzbeklar bir–birlari bilan qanday salomlashadilar va xayrlashadilar? 우즈베크인들은 만나고 헤어질 때 어떻게 인사할까요?
4. Tashakkur bildirganda oʻzbeklargagina xos xususiyat bormi? 우즈베크인들이 감사하는 표현을 할 때 특별히 하는 행동이 있을까요?

Yangi so'zlar (새로운 단어)  

kim 누구
nima 무엇
men 나, 나는
talaba 학생
o'qituvchi 선생님
shifokor 의사
hamshira 간호사
muhandis 엔지니어
direktor 기관의 (장)
o'quvchi 학생(초중고교)
kishi 사람
kitob 책
daftar 공책, 노트
sumka 가방
ruchka 볼펜
qalam 연필
lug'at 사전
universitet 대학교

xat 편지
teatr 극장
yozuv taxtasi 칠판
muzey 박물관
uy 집
xona 방
darsxona 교실
stol 책상
stul 의자
deraza 창문
eshik 문
chiroq 전등, 불빛
mashina 자동차
pul 돈
shokolad 초콜렛
choy 차(茶)
fleshka 이동식저장디스크/USB

bu 이, 그
mana 여기

bu yerda 이곳에서
u yerda 그곳에서
anavi yerda 저곳에서

Assalomu alaykum! 안녕하세요!

Vaalaykum assalom! 안녕하세요! (연장자가 아랫사람에게)

Yaxshimisiz? 안녕하세요?

Xudoga shukr, yaxshiman. (신께 감사하게도) 잘 지내요.

Ismingiz nima? 당신의 이름은 무엇입니까?

Mening ismim — Iroda. 제 이름은 이로다에요.

Tanishganimdan xursandman. 만나서 반갑습니다.

Men ham. 저도요.

Xayr. Sog' bo'ling. 잘가요. 건강하세요.

Rahmat. 감사합니다.

Katta rahmat. 매우 감사합니다.

Arzimaydi. 천만에요.

Marhamat. (손님에게) 어서 오세요, 편히 드세요, 편히 있으세요.

Kechirasiz. 죄송합니다.

Hechqisi yo'q. 괜찮습니다.

Grammatika (문법)

지시대명사

단수	복수
bu 이것	*bular* 이것들
shu 그것	*shular* 그것들
u 저것	*ular* 저것들

무엇을 가리키는 대명사로, 말하는 사람에게 가까운 것부터 *bu, shu, u*로 사용한다. *u*는 말하는 사람에게 가장 멀리 떨어져 있는 것이다. *u*의 뜻은 다양하다. 인칭대명사 *u*와 형태는 같지만, 지시대명사로 사용될 때는 '저것'이라고 이해해야 한다.

의문사 *nima?, kim?*

nima	*kim*
무엇?	누구?

'이것은 뭐에요?', '저것은 무엇입니까?' 등의 질문을 할 때 '무엇'에 해당하는 의문사가 바로 *nima?*이다. 마찬가지로 '이 사람은 누구죠?', '저 학생은 누구입니까?' 등의 질문을 할 때 '누구'는 우즈베크어로 *kim?*이라 한다.

두 의문사는 자체가 의문의 의미를 담고 있기 때문에 별도의 의문사는 필요하지 않고 문장 끝에 '?' 표시를 해주면 된다.

예문에서 *bu*는 '이것, 이사람'이라는 지시대명사이다. 그런데 *nima* 의문사가 올 경우 '이것'이라는 뜻으로, *kim* 의문사가 올 경우 '이 사람', '이 분'의 의미를 가지게 된다. 의문사가 무엇이 오느냐에 따라 해석을 달리해야 하는 점에 유의하자.

A: Bu *kim*?	A: 이 분은 누구입니까?
B: Bu — Anvar aka.	B: 이 분은 안바르 씨입니다.
A: Bu *nima*?	A: 이것은 무엇입니까?
B: Bu — kitob.	B: 이것은 책입니다.

Bu kim?

Bu — Anvar aka.

Bu — Feruza opa.

Bu — Iroda.

Bu — Bobur.

Bu — Chisu.

Bu — Sangmin.

Bu — Seyun.

Bu — Chisu va Yongmi.

Bu — o'qituvchi va talaba.

Bu nima?

Bu — kitob.

Bu — daftar.

Bu — kitob va daftar.

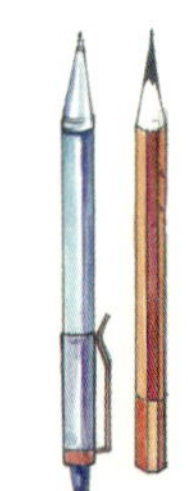
Bu — ruchka va qalam.

단수를 복수로 만들어 주는 *-lar*

모든 명사 끝에 *-lar*를 붙여주면 그 의미가 복수가 된다.

예

talaba 학생 1명 → *talabalar* 학생들, 학생 여러 명

qalam 연필 1자루 → *qalamlar* 연필들, 연필 여러 자루

1-Izoh

-lar 접사는 구체적으로 몇 명, 몇 개인지는 알 수 없고 단지 단수이나 복수이냐의 의미만 전달한다.

A: Bular kim*lar*?	A: 이 사람들은 누구십니까?
B: Bular — talaba*lar*.	B: 이 사람들은 학생들입니다.
A: Bular nima*lar*?	A: 이것들은 무엇인가요?
B: Bular — kitob*lar*.	B: 이것들은 책들입니다.

Bu kim?	Bu(lar) kim(lar)?
 Bu — talaba.	 Bular — talabalar.
 Bu — oʻqituvchi.	 Bular — oʻqituvchilar.
 Bu — hamshira.	 Bular — hamshiralar.

Bu nima?

Bu — kitob.

Bu — daftar.

Bu — xat.

Bu(lar) nima(lar)?

Bular — kitoblar.

Bular — daftarlar.

Bular — xatlar.

평서문, 부정문, 의문문 *-mi?*

'이것은 볼펜이야.', '이 사람은 지수다.' 등의 문장은 평서문, '이것은 볼펜이 아니야.', '이 사람은 지수가 아니다.' 등은 부정문이다. 그리고 '이것은 연필이야?', '이 사람은 지수야?' 처럼 의문부호와 함께 쓰인 문장은 의문문이다. 우즈베크어도 마찬가지 어순으로 표현 가능하다.

의문문은 평서문, 또는 부정문 문장 끝에 *-mi?*라는 의문 접미사를 붙여 만든다.

'~이냐/~입니까?', '~ 아니냐/~ 아닙니까?' 등의 의문문에 대답할 때, 대답 자체가 긍정이면, *ha*(네), 부정이면 *yo'q*(아니오)로 대답한다.

2-Izoh

우즈베크어에는 한국어의 '은/는/이/가'에 해당하는 주격 조사가 없기 때문에 '이것은 ____이다.', '이 사람은 ____이다.'는 *Bu* ____.으로 표현하면 된다.

부정문은 문장 끝에 '~ 아니다'라는 의미의 부정 접사 *emas*를 사용한다.

A: Bu ruchka*mi*?	A: 이것은 볼펜인가요?
B: *Ha*, bu — ruchka.	B: 네, 이것은 볼펜입니다.
A: Bu ruchka*mi*?	A: 이것은 볼펜인가요?
B: *Yo'q*, bu ruchka *emas*, bu — qalam.	B: 아니요, 이것은 볼펜이 아니에요, 이것은 연필입니다.

1) A: Bu Seyunmi?

B: Ha, bu — Seyun.

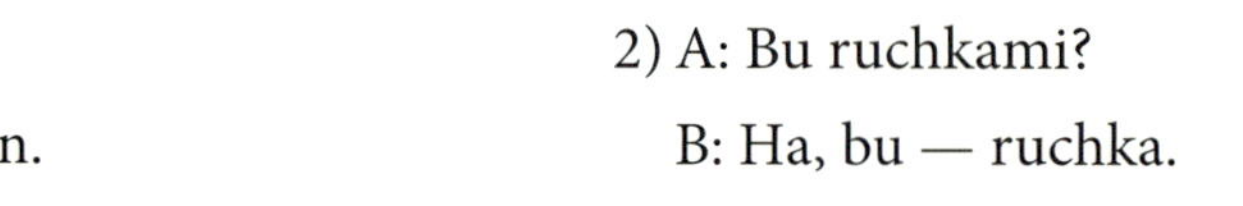

2) A: Bu ruchkami?

B: Ha, bu — ruchka.

3) A: Bu Feruza opami?

B: Ha, bu — Feruza opa.

4) A: Bu stolmi?

B: Ha, bu — stol.

5) A: Bu Yongmimi?

B: Yo'q, bu Yongmi emas, bu — Chisu.

6) A: Bu ruchkami?

B: Yo'q, bu ruchka emas, bu — qalam.

7) A: Bu Seyunmi?

B: Yo'q, bu Seyun emas, bu — Sangmin.

8) A: Bu kitobmi?

B: Yo'q, bu kitob emas, bu — lug'at.

yoki/yo

'A 혹은/또는 B' 등의 표현을 할 때 '혹은', '또는'은 *yoki*로 표현한다. A, B 위치에는 단어가 올 수도, 문장이 올 수도 있다. *yo*라고 쓰기도 한다.

A: Bu Sangminmi *yoki* Seyunmi?	A: 이 사람은 상민인가요, 아니면 세윤인가요?
B: Bu — Sangmin.	B: 이 사람은 상민입니다.
A: Bu qalammi *yoki* ruchkami?	A: 이것은 연필입니까 아니면 볼펜입니까?
B: Bu — ruchka.	B: 이것은 볼펜입니다.

1) A: Bu Sangminmi **yoki** Seyunmi?
   B: Bu — Sangmin.

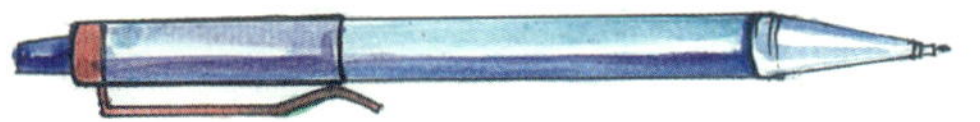

2) A: Bu ruchkami **yoki** qalammi?
   B: Bu — ruchka.

"A" mashqlar guruhi (연습문제 A)

1. Rasmlarga qarang va dialog tuzing. 그림을 보고 대화를 만드세요.

Namuna

A: Bu nima?	*A: Bu kim?*
B: Bu — gazeta.	*B: Bu — shifokor.*

1)

2)

3)

4)

5)

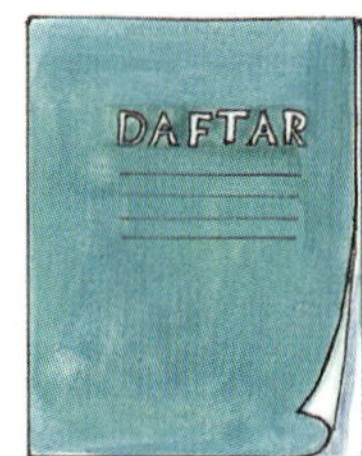

6)

7)

8)

2. Quyidagi so'zlarni ko'plikda ifodalang. 아래 단어들을 복수형으로 만드세요.

stol, stul, xona, o'qituvchi, talaba, o'quvchi, shifokor, muhandis, chiroq, daftar, kitob, hamshira.

3. Rasmlarda nima tasvirlanganini ayting. 그림들에 무엇이 묘사되어 있는지 말해보세요.

Namuna

A: Bu nima?
B: Bu — stol.

A: Bu kim?
B: Bu — o'qituvchi.

1) A: ____________?
B: ____________.

2) A: ____________?
B: ____________.

3) A: ____________?
B: ____________.

4) A: ____________?
B: ____________.

5) A: ____________?
B: ____________.

6) A: ____________?
B: ____________.

7) A: ____________?
B: ____________.

4. Savollarni o'qing va ularga javob bering. 질문을 읽고 답하세요.

1) Bu uymi?

2) Bu talabami?

3) Bu xatmi?

4) Bu o'qituvchimi?

5) Bu stolmi?

6) Bu chiroqmi?

7) Bu shkafmi?

8) Bu kitobmi?

9) Bu stulmi?

10) Bu o'qituvchimi?

11) Bu eshikmi?

12) Bu universitetmi?

5. Dialoglarni oʻqing va ularga tayangan holda atrofingizdagi kishilarning kimligini aniqlang. 대화문을 읽은 후, 이와 유사하게 여러분 주변의 사람들을 설명하세요.

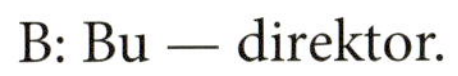

1) A: Bu direktormi yoki talabami?
   B: Bu — direktor.

2) A: Bu Lolami yoki Nigorami?
   B: Bu — Nigora.

6. Dialoglarni oʻqing va ularga tayangan holda atrofingizdagi buyumlarning nimaligini aniqlang. 대화문을 읽은 후, 이와 유사하게 여러분 주변의 사물들을 설명하세요.

1) A: Bu kinoteatrmi yoki universitetmi?
   B: Bu — universitet.

2) A: Bu muzeymi yoki teatrmi?
   B: Bu — muzey.

7. Namunaga qarab bajaring. 예문처럼 완성하세요.

Namuna

ruchka – qalam (qalam) → *Bu ruchkami yoki qalammi?*
– Qalam.

1) kitob – jurnal (kitob) →

2) "q" – "g" (g) →

3) "1" (bir) – "7" (yetti) (1) →

4) televizor – kompyuter (kompyuter) →

5) Sangmin – Seyun (Sangmin) →

"B" mashqlar guruhi (연습문제 B) 

1. Dialogni do'stingiz bilan mashq qiling. 친구와 함께 대화를 연습하세요.

A: Assalomu alaykum.
B: Vaalaykum assalom.
A: Mening ismim — Iroda.
B: Mening ismim — Sangmin.
A: Tanishganimdan xursandman.
B: Men ham tanishganimdan xursandman.
A: Xayr. Sog' bo'ling.
B: Xayr. Sog' bo'ling.

2. Dialogni do'stingiz bilan mashq qiling. 친구와 함께 대화를 연습하세요.

A: Assalomu alaykum.
B: Vaalaykum assalom.
A: Bu sizga.
B: Rahmat. Bu nima?
A: Choy. Marhamat.
B: Katta rahmat.
A: Arzimaydi.

1) shokolad

2) ruchka

3) kitob

3. O‘qing va do‘stlaringiz bilan o‘xshash dialoglar tuzing. 읽어보세요, 그리고 친구들과 함께 비슷한 대화를 만드세요.

1) A: Bu nima?
   B: Uy.
   A: Bu – chi?
   B: Bu — bog‘.

2) A: Bu nima?
   B: Bu — teatr.
   A: Bu – chi?
   B: Bu — universitet.

4. Dialogni do‘stingiz bilan mashq qiling. 친구와 함께 대화를 연습하세요.

A: Anvar aka, bu kishi — Sangmin.
Sangmin, bu kishi — Anvar aka.
B: Tanishganimdan xursandman.
C: Men ham tanishganimdan juda xursandman.

1) Anvar aka	2) Iroda	3) Seyun	4) Ivan
Sangmin	Jon	Bobur	Sara

Audiomashqlar (듣기 활동)

1. Tinglang va savollarga javob bering. 잘 듣고 질문에 대답하세요.

1) 

2)

3) 

4) 

5) 

1) ______________________________

2) ______________________________

3) ______________________________

4) ______________________________

5) ______________________________

2. Dialoglarni tinglang va ularning har biriga mos keladigan rasmni tanlang.

잘 듣고 각 대화에 맞는 그림을 고르세요.

1) ☐

2) ☐

3) ☐

4) ☐

5) ☐

3. Tinglang va toʻgʻri javobga O belgisini, notoʻgʻri javobga X belgisini qoʻying.

잘 듣고 정답에 O 표시를, 오답에 X 표시를 하세요.

1) (   )   2) (   )   3) (   )

O‘qish (읽기 활동)

Matnni o‘qing. 지문을 읽어보세요.

Bu — darsxona. Mana bu — yozuv taxtasi. Bu yerda katta stol va stullar. Anavi yerda deraza. Bu — chiroq. Bu — o‘qituvchi. Bular — talabalar.

Qo‘shimcha ma’lumotlar (추가 표현)

여러 인사 표현

Xayrli tong.	좋은 아침이에요.
Xayrli kun.	좋은 오후예요.
Xayrli kech.	좋은 저녁이에요.
Xayrli tun.	좋은 밤이에요.
Yaxshi dam oling.	잘 쉬세요.
Yaxshi boring!	안녕히 가세요!
Yaxshi qoling!	안녕히 계세요!
Oq yo‘l!	여행 잘 다녀오세요!
Uydagilarga salom ayting!	식구들에게 안부 인사를 해주세요.

bu, u, shu 용법

u(저것/저)는 말하는 사람과 듣는 사람에게서 멀리 떨어진 사물이나 사람을 가르킬 때 사용한다. 그러나 *shu*(이/그)와 *bu*(이)는 때때로 의미상 큰 차이가 없이 혼동되어 사용되는 경우도 있다. 이 둘을 구분하는 방법은, 말하는 사람은 이것을 알고 있지만 듣는 사람은 모르고 있는 상황일 때 *bu*보다는 *shu*를 쓰는 것이다. 예를 들어, 수업 시간에 선생님이 출석 확인을 하는 경우, 선생님은 해당 학생의 출결석 여부를 아직 알지 못하는 상태에서 질문을 하게 된다. 그때 호명된 학생이 자신의 출석 여부를 선생님께 알릴 때는 *shu yerdaman!* 즉, '저 여기있어요!'라고 말한다.

안부 인사 예절

우즈베크인들이 안부 인사를 할 때 보통 남자들은 악수를 하고, 여성들은 서로를 포옹하며 인사를 한다. 젊은이들이 어른들에게 먼저 인사 드리는 것이 예의다. 우즈베크인들의 문화에서 '안녕하세요, 잘 지내세요?(Yaxshimisiz?)'라는 질문에는 보통 '신께 감사하게도'라며 긍정적으로 대답(Xudoga shukr, yaxshiman.)한다. 이는 자신에게 주어진 삶에 대해 신께 감사하는 마음에서 우러나온다. 일반적으로 우즈베크인들은 인사를 나눌 때 상대방의 안부뿐만 아니라 상대의 부모, 자녀 등의 건강과 일상생활에 대해 물어보기 때문에 비교적 긴 인사를 나누는 편이다.

Yaxshi yuribsizmi?	잘 지내시나요?
Sog'liklaringiz yaxshimi?	건강은 좋은가요?
Kayfiyatlaringiz qalay?	기분은 어떠한가요?
Ota-onangiz yaxshi yurishibdimi?	부모님은 잘 계신가요?
Uydagilar yaxshimi?	집안/댁은 평안한가요?
O'qishlaringiz yaxshimi?	학업/공부는 잘 되지요?
Ishlaringiz yaxshimi?	하시는 일은 잘 되지요?

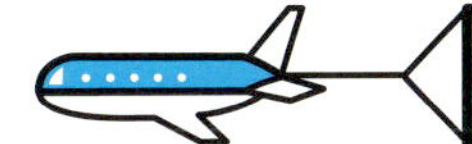

2-DARS

Kasblar
직업

Darsning maqsadi (학습목표)

- Kishilik olmoshlari 인칭대명사 익히기
- Shaxsning qaysi kasb egasiligini aniqlash va aytish 직업이 무엇인지 설명하기
- Shaxsning qaysi mamlakatdanligini aniqlash va aytish 국적 설명하기

Kirish savollar (도입 질문)

1. Oʻzbekistonda qanday kasblar bor? 우즈베키스탄에는 어떤 직업들이 인기가 있을까요?
2. Oʻzbekiston bir millatli mamlakatmi yoki koʻp millatlimi? Koʻp millatli boʻlsa, u yerda qanday millat vakillari yashaydi? 우즈베키스탄은 단일 민족 국가일까요, 다민족 국가일까요? 다민족이라면 어떤 민족들이 있을까요?

Yangi so'zlar (새로운 단어) 

men 나
sen 너
siz 당신, 너희들
u 그(녀)
biz 우리
sizlar 당신들
ular 그들

bank xodimi 은행원
jurnalist 기자, 저널리스트
haydovchi 운전기사
ishchi 노동자
oshpaz 요리사

Amerika 미국
Angliya 영국
Germaniya 독일
Hindiston 인도
Italiya 이탈리아
Kanada 캐나다
Koreya 한국
Qozog'iston 카자흐스탄
Rossiya 러시아
Fransiya 프랑스
Xitoy 중국
O'zbekiston 우즈베키스탄

milliy 전통의, 민족의

-dan keldim ~에서 왔어요.(~ 출신입니다.)
ham 또한, ~도, 역시

Grammatika (문법)

인칭대명사

우즈베크어의 인칭대명사는 *men*(나), *sen*(너), *siz*(당신), *u*(그/그녀), *biz*(우리), *sizlar*(당신들), *ular*(그들)가 있다.

2인칭 인칭대명사에 *siz*는 '당신' 혹은 '너희들' 등 의미상 단수, 복수 2가지 뜻으로 사용 가능하다는 점을 기억하자. 문장에서 *siz*가 어떤 표현인지는 문맥과 상황을 토대로 유추해야 한다. 참고로, *siz*에 복수형 접사인 *-lar*를 붙이게 되면 '당신들'이 된다.

우즈베크어에서는 성(性)의 구분이 없다. *u*는 '그, 그녀'로 쓰고, *ular*는 '그들'로 해석할 수 있다.

men	biz
sen	
siz	sizlar
u	ular

명사/형용사 인칭어미

우즈베크어 문장에서 서술어에 명사, 형용사류의 품사가 올 경우, 서술어는 주어의 인칭에 따른 특정 어미로 마무리된다.

* 문장 구조: 인칭대명사 명사/형용사+인칭어미.

예 *Men talaba-man. Biz talaba-miz.*

Men		**man.**
Sen		**san.**
Siz		**siz.**
U	talaba+	**.**
Biz		**miz.**
Sizlar		**sizlar.**
Ular		**(lar).**

1-Izoh

한국어 '나는 학생이다'에서 '나는', 즉 주어를 생략하고 말하게 되면, 주어가 누구인지 알 수 없다. 따라서 한국어에서는 주어가 반드시 있어야 문장의 주체가 명확히 드러난다. 그러나 우즈베크어의 경우에는 *Talabaman.*만으로도 이 문장의 주어가 누구인지 알 수 있게 된다. 바로 '인칭어미' 때문이다. 주어가 없어도 *Men*과 짝을 이루는 인칭어미 *-man*이 있기 때문에 *Talabaman.*에서 주어가 없어도 우리는 이 문장의 주어가 '나'라는 것을 알 수 있다.

우즈베크어의 주요 특징인 '주어와 서술어 간의 문법적 합치'에 주목하자.

2-Izoh

3인칭 단수인 *U*에는 인칭어미가 없다. 또한 3인칭 복수인 *ular*의 인칭어미는 종종 생략된다.

예 *U muhandis. Ular talaba(lar).**

* 생략되는 경우는 주어에 복수의 의미가 분명히 드러날 때이다.

인칭어미 문법은 한국어 문법과는 다르니 반드시 정확하게 이해하자.

국가 명칭, 국적, 민족 표현하기

국가 명칭은 문장의 위치와 상관없이 첫 문자를 대문자로 표기한다. 국적, 민족 명칭은 일반 명사와 같이 문장의 처음에 오면 대문자로, 기타 위치에서는 소문자로 표기한다.

예 *Men Koreyadan keldim.*
Men koreysman.
Siz O'zbekistondanmisiz?
U o'zbek emas.

A: Qayerliksiz? — A: 당신은 어느 나라 사람인가요?
B: Men o'zbekistonlikman. — B: 나는 우즈베키스탄인입니다.

1) Men Chisuman. Men hamshiraman. Men koreyalikman.
2) U Bobur. U o'quvchi. U o'zbekistonlik.
3) Siz Jon**misiz**? Siz talaba**misiz**? Siz amerikalik**misiz**?

☑ 인칭어미가 동반된 부정문 *emas* 만들기

* 문장 구조: 인칭대명사 명사/형용사 *emas*+인칭어미.

예 *Men talaba emasman. Biz o'qituvchi emasmiz.*

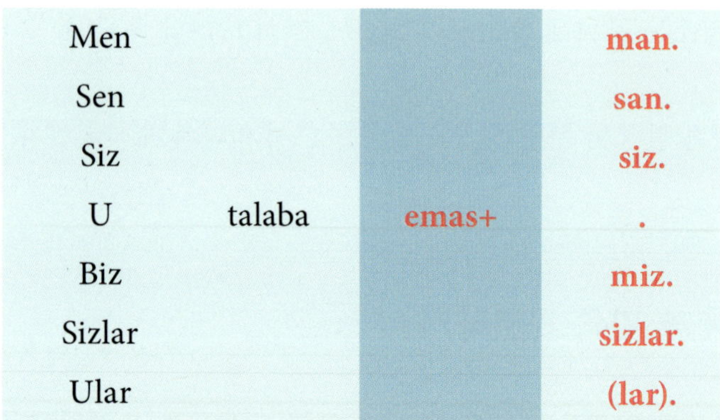

Men			**man.**
Sen			**san.**
Siz			**siz.**
U	talaba	emas+	**.**
Biz			**miz.**
Sizlar			**sizlar.**
Ular			**(lar).**

☑ 인칭어미가 동반된 의문문 만들기

* 문장 구조: 인칭대명사 명사/형용사+인칭어미+*mi*?

예 *Men talabamanmi? Biz o'qituvchimizmi?*

3-Izoh

2인칭 의문문의 경우에서만 *-mi*의 위치가 바뀌어 인칭어미 앞에 위치한다. 이 점을 반드시 기억하자.

예 *Sen talabasan. → Sen talabamisan?*

아래 문장들도 해석해보자.

Men talaba emasmanmi?
Sen talaba emasmisan?
Siz talaba emasmisiz?
U talaba emasmi?
Biz talaba emasmizmi?
Sizlar talaba emasmisizlar?
Ular talaba emasmi(lar)?

Men			manmi?
Sen			misan?
Siz			misiz?
U	talaba	emas+	mi?
Biz			mizmi?
Sizlar			misizlar?
Ular			(lar) mi?

1) A: Siz Chisumisiz?
   B: Yo'q, men Chisu emasman, men Yongmiman.

2) A: Siz o'qituvchimisiz?
   B: Yo'q, men o'qituvchi emasman, men shifokorman.

3) A: Jon angliyalikmi?
   B: Yo'q, Jon angliyalik emas, amerikalik.

"A" mashqlar guruhi (연습문제 A) 

1. Kerakli qo'shimchalarni qo'ying va gaplarni tugallang.
필요한 접사를 넣고, 문장을 완성하세요.

1) Men oʻqituvchi __________.
2) Siz shifokor __________.
3) Biz talaba __________.
4) Ular jurnalist __________.
5) Sangmin — sportchi __________.
6) Sen oʻquvchi __________.
7) Men talaba __________.
8) Feruza opa — oʻqituvchi __________.

2. Namunaga qarab bajaring. 예문처럼 완성하세요.

Namuna

Iroda
Oʻzbekiston
talaba

2-1. *Iroda oʻzbekistonlik.*
2-2. *U talaba.*

1)
Ivan
Rossiya
shifokor

2)
men
Koreya
talaba

3)

biz
Xitoy
o'qituvchi

4)

sizlar
Hindiston
oshpaz

5)

sen
Yaponiya
o'quvchi

6)

siz
Germaniya
jurnalist

2-1.

1) ______________________

2) ______________________

3) ______________________

4) ______________________

5) ______________________

6) ______________________

2-2.

1) ______________________

2) ______________________

3) ______________________

4) ______________________

5) ______________________

6) ______________________

3. Namunaga qarab bajaring. 예문처럼 완성하세요.

Namuna

*Iroda * shifokor → Iroda shifokor emas.*

1) Ivan * germaniyalik →

2) men * o'qituvchi →

3) biz * rossiyalik →

4) sizlar * jurnalist →

5) sen * haydovchi →

6) siz * aktrisa →

4. Namunaga qarab bajaring. (66-67-betlardagi rasmlar asosida)

예문처럼 완성하세요. (66-67쪽 그림을 참고하세요)

Namuna

4-1. *Iroda * o'zbekistonlik* → *Iroda o'zbekistonlikmi?*
– Ha, Iroda o'zbekistonlik.

4-2. *Iroda * shifokor* → *Iroda shifokormi?*
– Yo'q, Iroda shifokor emas.

1) Ivan * rossiyalik → ______

2) men * talaba → ______

3) biz * yaponiyalik → ______

4) sizlar * jurnalist → ______

5) sen * xitoylik → ______

6) siz * oshpaz → ______

5. Namunaga qarab bajaring. 예문처럼 완성하세요.

Namuna

Umid

O'zbekiston

jurnalist

5-1. *Iroda o'zbekistonlik. Umid ham o'zbekistonlikmi?*

– *Ha, Umid ham o'zbekistonlik.*

5-2. *Iroda – talaba. Umid ham talabami?*

– *Yo'q, Umid talaba emas.*

1)

Denis

Amerika

shifokor

2)

Sujin

Koreya

oshpaz

3)

Sara va Alfonso

Italiya

o'qituvchi

1) Ivan — shifokor. Denis ham shifokormi?

–

2) Men o'zbekistonlikman. Sujin ham o'zbekistonlikmi?

–

3) Biz italiyalik o'qituvchilarmiz. Sara va Alfonso ham italiyalik o'qituvchilarmi?

–

"B" mashqlar guruhi (연습문제 B) 

1. Dialogni do'stingiz bilan mashq qiling. 친구와 함께 대화를 연습하세요.

A: Kechirasiz, ismingiz nima?
B: Aziza.
A: Ajijami?
B: Yo'q, A-zi-za.

1) Seyun	2) Jon	3) Lola
Seyon	Jons	Lora

2. Dialogni do'stingiz bilan mashq qiling. 친구와 함께 대화를 연습하세요.

A: Assalomu alaykum. Men Sangminman.
Koreyadan keldim. Tanishganimdan xursandman.
B: Mening ismim – Iroda. Men ham tanishganimdan xursandman.

1) Ivan	2) Jon	3) Sara	4) Arman
Rossiya	Amerika	Italiya	Q'ozog'iston

3. Dialogni do'stingiz bilan mashq qiling. 친구와 함께 대화를 연습하세요.

A: Assalomu alaykum.
B: Assalomu alaykum. Mening ismim — Seyun.
A: Seyun, siz koreyalikmisiz?
B: Ha, men koreyalikman.
A: Siz o'qituvchimisiz?
B: Yo'q, men shifokorman.

Seyun
Koreya
o'qituvchi
shifokor

1) Anvar
O'zbekiston
oshpaz
muhandis

2) Sumiko
Yaponiya
bank xodimi
jurnalist

3) Sara
Italiya
aktrisa
o'qituvchi

Audiomashqlar (듣기 활동) 

1. Tinglang va savollarga javob bering. 잘 듣고 질문에 대답하세요.

1) ______________________________

2) ______________________________

3) ______________________________

4) ______________________________

2. Tinglang va to‘g‘ri javobga O belgisini, noto‘g‘ri javobga X belgisini qo‘ying.
잘 듣고 정답에 O 표시를, 오답에 X 표시를 하세요.

1) ( )　　2) ( )　　3) ( )　　4) ( )

O‘qish (읽기 활동)  

Matnni o‘qing. 지문을 읽어보세요.

Mening ismim — Liza. Men Amerikadan keldim. Men talabaman. Bu — Tom va Nigora. Tom germaniyalik. Nigora o‘zbekistonlik. Ular ham talaba. Biz yaxshi talabamiz.

Qo'shimcha ma'lumotlar (추가 표현)

KASBLAR 직업

tadbirkor 기업인

militsiya xodimi 경찰관

yurist 변호사

quruvchi 건축가

sartarosh 이발사

sotuvchi 상인, 판매원

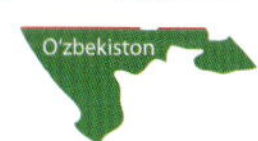

국가, 민족, 언어

Qayer? 어디?	Qayerlik? 국적은?	Millati 민족	Tili 언어	Qaysi tilda gapiradi? 어떤 언어로 말하나요?
Amerika	amerikalik	amerikalik	ingliz tili	inglizcha
Angliya	angliyalik	ingliz	ingliz tili	inglizcha
Fransiya	fransiyalik	fransuz	fransuz tili	fransuzcha
Germaniya	germaniyalik	nemis	nemis tili	nemischa
Hindiston	hindistonlik	hind	hind tili	hindcha
Ispaniya	ispaniyalik	ispan	ispan tili	ispancha
Italiya	italiyalik	italyan	italyan tili	italyancha
Koreya	koreyalik	koreys	koreys tili	koreyscha
Qirg'iziston	qirg'izistonlik	qirg'iz	qirg'iz tili	qirg'izcha
Qozog'iston	qozog'istonlik	qozoq	qozoq tili	qozoqcha
Rossiya	rossiyalik	rus	rus tili	ruscha
Turkiya	turkiyalik	turk	turk tili	turkcha
Yaponiya	yaponiyalik	yapon	yapon tili	yaponcha
Xitoy	xitoylik	xitoy	xitoy tili	xitoycha
O'zbekiston	o'zbekistonlik	o'zbek	o'zbek tili	o'zbekcha

MEMO

3-DARS

Oila
가족

Darsning maqsadi (학습목표)

- Otlarda egalik kategoriyasi 명사를 활용하여 소유격 표현하기
- Oila a'zolari haqida gapirish 가족 구성원에 대해 말하기

Kirish savollar (도입 질문)

1. O'zbek tilida ism-shariflarning qanday xususiyatlari bor? 우즈베크어 성과 이름의 특징은 무엇일까요?
2. O'zbek tilida oila a'zolari qanday nomlanadi? 우즈베크어에도 다양한 호칭이 있을까요?
3. '나의 것', '너의 것' o'zbek tilida qanday ifodalanadi? '나의 것', '너의 것'이라는 소유의 표현은 우즈베크어로 어떻게 할까요?

Yangi so'zlar (새로운 단어) 

oila 가족
buvi 할머니
ota 아버지
ona 어머니
oyi 엄마
o'g'il 아들
qiz 딸
aka 오빠, 형
uka 남동생
opa 언니, 누나
singil 여동생
qarindosh 친척
jiyan 조카
do'st 친구
mushuk 고양이
it 개/강아지

ko'ylak 윗옷(셔츠)
palto 외투
shapka 모자
sharf 스카프

auditoriya 강당, 강의실
burun 코
familiya 성
fleshka 이동식저장디스크/USB
fotoapparat 카메라, 사진기
gazeta 신문
ism (= ot) 이름
jurnal 잡지
joy 장소, 위치
kalit 열쇠
ko'zoynak 안경
og'iz 입
quloq 귀
qoshiq 숟가락
soat 시간, 시계
tufli 신발
zontik 우산
shahar 도시
tarix 역사
bunisi 이것

Shunaqami? 이렇게요?
Bilasizmi? 알고 있나요?
Bilmayman. 모릅니다
unda 그렇다면
esa ~인 경우에는
-a? 의문 접사

Grammatika (문법)

✓ 소유격 조사 *-ning*와 명사의 인칭 어미를 활용한 소유 표현

명사 끝에 특정 인칭 어미를 붙여주면, 그 명사는 누구 혹은 무엇의 소유, 소속의 의미로 쓰이게 된다. 해당 명사를 소유하는 주체에는 일반적으로 *-ning*을 붙여주는데, 뜻은 '~의'가 된다.

예

Bu — mening sumkam. 이것은 나의 가방이야.
(*sumka* 모음으로 끝나는 단어)

Bu — mening qalamim. 이것은 나의 연필이야.
(*qalam* 자음으로 끝나는 단어)

위의 예문에서 나타나듯이, 인칭 어미는 크게 명사가 자음으로 끝나는지, 모음으로 끝나는지에 따라 두 가지 형태로 오게 된다. 자음으로 끝나면 모음을 추가해주고, 모음으로 끝나면 자음만 추가한다.

1-Izoh

*men, sen*의 경우 소유격 조사 *-ning*이 올 경우, *n* 하나가 탈락한다.

* *sizning kitobingiz*와 *sizning kitoblaringiz*의 차이는?

전자는 *siz* 소유의 책이 한 권이라는 뜻이고, 후자는 *siz* 소유의 책이 여러 권이라는 뜻이다.
그렇다면, *ularning mashinasi*와 *ularning mashinalari*의 차이는?

Mening otam — shifokor. 나의 아버지는 의사이다.

☑ 명사의 인칭 어미 활용 규칙

자음, 모음에 따라 *-(i)m, -(i)ng, -i/si, -(i)ngiz, -(i)miz, -(i)ngiz, -lari*의 형태로 온다. 몇몇 단어는 인칭 어미가 올 경우, 마지막 모음이 탈락한다.

예 *mening singlim(singilim), bizning burnimiz(burunimiz)*

단어의 마지막 철자가 *k, q* 자음으로 끝날 때, *k* → *g*, *q* → *g'*로 바뀐다.

예 *mening ko'ylagim, uning qulog'i*

단, 복수형은 이 규칙에 해당하지 않는다.

예 *mening ko'ylaklarim*

2-Izoh

명사의 인칭 어미를 통해서도 우리는 해당 명사가 누구의 소유인지 알 수 있다. 위의 예문에서도 *mening*과 *sening*을 생략해도 '나'의 셔츠, '그/그녀'의 가방인지 문법적인 표시가 되어 있기 때문이다. 단, 성별은 문맥을 통해 유추하거나, 따로 정확히 표현해야 한다.

KimNING?

Mening		m	Mening		im
Sening		ng	Sening		ing
Sizning		ngiz	Sizning		ingiz
Uning	aka+ ruchka+	si	Uning	kitob+ qalam+	i
Bizning		miz	Bizning		imiz
Sizlarning		(lari)ngiz	Sizlarning		(lar)ingiz
Ularning		si (= lari)	Ularning		(lar)i

* 아래의 단어들은 인칭 변화에서 예외적인 특성(마지막 모음 탈락 현상)이 나타난다.

singil – singlim, singling, singlingiz, singlisi, singlimiz, singlingiz, singlisi (singillari)
o'g'il – o'g'lim, o'g'ling, o'g'lingiz, o'g'li, o'g'limiz, o'g'lingiz, o'g'li (o'g'illari)
og'iz – og'zim, og'zing, og'zingiz, og'zi, og'zimiz, og'zingiz, og'zi (og'izlari)
burun – burnim, burning, burningiz, burni, burnimiz, burningiz, burni (burunlari)
shahar – shahrim, shahring, shahringiz, shahrimiz, shahringiz, shahri (shaharlari)

* 아래 단어의 인칭 변화에서는 마지막 자음이 연성화되는 예외적인 특성이 나타난다.

ko'ylak – ko'ylagim, ko'ylaging, ko'ylagingiz, ko'ylagi, ko'ylagimiz, ko'ylagingiz, ko'ylagi (ko'ylaklari)
mushuk – mushugim, mushuging, mushugingiz, mushugi, mushugimiz, mushugingiz, mushugi (mushuklari)
quloq – qulog'im, qulog'ing, qulog'ingiz, qulog'i, qulog'imiz, qulog'ingiz, qulog'i (quloqlari)
qoshiq – qoshig'im, qoshig'ing, qoshig'imiz, qoshig'i, qoshig'imiz, qoshig'ingiz, qoshig'i (qoshiqlari)

☑ -niki

*-niki*는 한국어로 '~의 것'이다. 보통 대화나 문장에서 앞서 소유 표현이 발생한 명사를 대신해서 쓴다. 예를 들어, '이 가방은 내 거야! 저건 네 거야!' 할 때 쓰는 표현이다. 인칭대명사 뒤에 *-niki*만 붙여주면 된다. 단, 소유격 *-ning* 표현에서와 마찬가지로, *-niki* 역시 *men, sen*에는 *n* 하나를 탈락하고 쓴다. 사물에만 적용한다.

예 *Meniki* (O) *Menniki* (X)
Seniki (O) *Senniki* (X)

예 *Bu kitob kimniki?* 이 책은 누구의 것이야?
- *Bu kitob meniki.* 내 것이야.

Bu kimning xati? 이것은 누구의 편지야?
- *Bu — mening xatim.* 이것은 나의 편지야.
→ *Bu meniki.* 이것은 내 것이야.

A: Bu ruchka kim*niki*?	A: 이 연필은 누구 거야?
(Bu kimning ruchkasi?)	(이것은 누구의 연필이야?)
B: Me*niki*.	B: 내 것이야.
A: Bu kimning akasi?	A: 이 사람은 누구의 형인가요?
B: Mening akam. (~~Meniki.~~)	B: 나의(내) 형입니다. (나의 것)

Kim**niki**?

Bu kitob me**niki**.

Bu kitob biz**niki**.

Bu kitob se**niki**.

Bu kitob siz**niki**.

Bu kitoblar sizlar**niki**.

Bu kitob u**niki**.

Bu kitoblar ular**niki**.

Kim?	**Kimning?**	**Kimniki?**
Men	mening	meniki
Sen	sening	seniki
Siz	sizning	sizniki
U	uning	uniki
Biz	bizning	bizniki
Sizlar	sizlarning	sizlarniki
Ular	ularning	ularniki

"A" mashqlar guruhi (연습문제 A) 

1. Quyida keltirilgan so'zlarni egalik qo'shimchalarini qo'shib turlang.
아래의 단어들을 소유형 접사를 활용하여 변화시키세요.

ota, sinf, xona, universitet, daftar, deraza, jurnal, gazeta, lug'at, ism, familiya, buvi, amaki, xola, oila, quloq, ko'zoynak, sharf, shapka, auditoriya, qarindosh, it.

2. Berilgan so'zlardan foydalanib, gaplarni tugating.
주어진 단어들을 사용하여 문장을 완성하세요.

otangiz, akam, daftaringizmi, singlingiz, shapkang, onam, lug'atingizmi, o'qituvchimiz, oilasi, universitetimiz, kitobim, gazetangizmi, maktabi, ishxonangizmi.

1) Bu — mening ______.

2) Bu — sizning ______.

3) Bu sizning ______?

4) Bu — sening ______.

5) Bu — bizning ______.

6) Bu — uning ______.

7) Bu sizning ______?

8) Bu — mening ______.

9) Bu — bizning ________________.

10) Bu — sizning ________________.

11) Bu sizning ________________?

12) Bu — ularning ________________.

13) Bu — mening ________________.

14) Bu sizning ________________?

3. Bo'sh joylar o'rniga o'ng tomondagi so'zlardan mosini tanlab qo'ying va gaplarni yakunlang.

다음 문장의 빈칸에 들어갈 적절한 서술어를 오른쪽에서 찾아 문장을 완성하세요.

1) Bu — mening ________________.
2) Bu — sening ________________.
3) Bu — bizning ________________.
4) Bu — uning ________________.
5) Bu — sizning ________________.
6) Bular — sizlarning ________________.

a. auditoriyamiz
b. ruchkasi
c. o'qituvchingiz
d. gazetalaringiz
e. kitobim
f. shapkang

4. Berilgan soʻzlardan foydalanib, soʻroq gaplar tuzing. Doʻstlaringizdan javoblarni soʻrang.

주어진 단어들을 이용하여 의문문을 만드세요. 친구들에게 질문하고 답을 들어보세요.

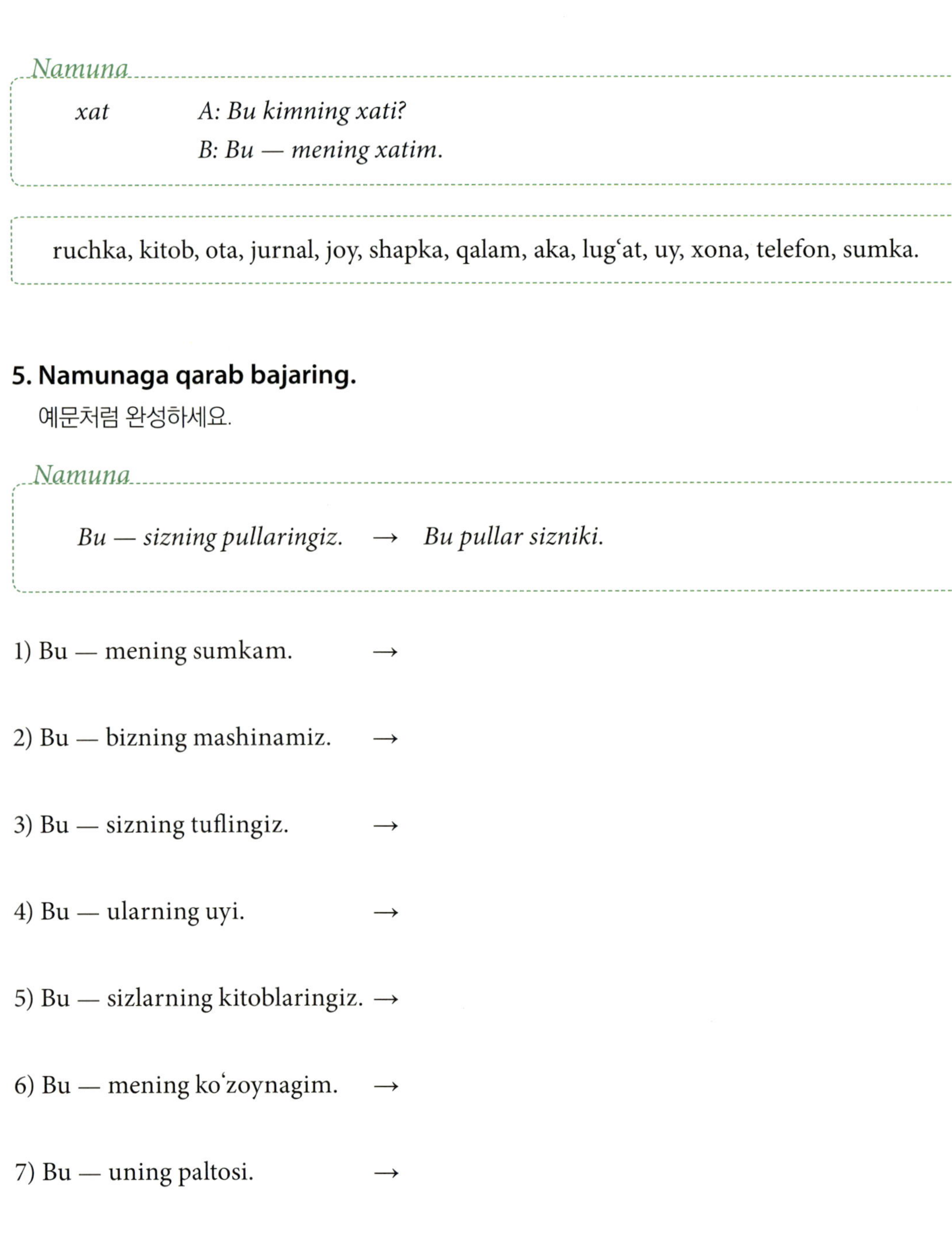

Namuna

xat — *A: Bu kimning xati?*
B: Bu — mening xatim.

ruchka, kitob, ota, jurnal, joy, shapka, qalam, aka, lugʻat, uy, xona, telefon, sumka.

5. Namunaga qarab bajaring.

예문처럼 완성하세요.

Namuna

Bu — sizning pullaringiz. → *Bu pullar sizniki.*

1) Bu — mening sumkam. →

2) Bu — bizning mashinamiz. →

3) Bu — sizning tuflingiz. →

4) Bu — ularning uyi. →

5) Bu — sizlarning kitoblaringiz. →

6) Bu — mening koʻzoynagim. →

7) Bu — uning paltosi. →

8) Bu — Seyunning koʻylagi. →

6. Savollarga tasdiq ma'nosida javob bering. 질문에 긍정형으로 답하세요.

Namuna

6-1. *A: Bu sumka siznikimi?*

B: Ha, bu sumka meniki.

1) A:Bu jurnal siznikimi?

B: Ha, ______________________.

2) A:Bu ruchka Chisunikimi?

B: Ha, ______________________.

3) A:Bu palto Irodanikimi?

B: Ha, ______________________.

4) A:Bu mashina otangiznikimi?

B: Ha, ______________________.

5) A:Bu pasport siznikimi?

B: Ha, ______________________.

Namuna

6-2. *A: Bu sizning sumkangizmi?*

B: Ha, mening sumkam.

1) A:Bu sizning ruchkangizmi?

B: Ha, ____________________.

2) A:Bu ayol sizning oyingizmi?

B: Ha, ____________________.

3) A:Bu bola opangizning o‘g‘limi?

B: Ha, ____________________.

4) A:Bu kishi do‘stingizning amakisimi?

B: Ha, ____________________.

7. Savollarga inkor ma'nosida javob bering. 질문에 부정형으로 답하세요.

Namuna

7-1. *A: Bu gazeta siznikimi?*

B: Yo'q, meniki emas, Chisuniki.

7-2. *A: Bu sizning akangizmi?*

B: Yo'q, mening akam emas, do'stimning akasi.

1) A:Bu sizning kalitingizmi?

B: Yo'q, ______________________.

2) A: Bu ayol sizning opangizmi?

B: Yo'q, ______________________.

3) A:Bu Anvar akaning sumkasimi?

B: Yo'q, ______________________.

4) A:Bu soat siznikimi?

B: Yo'q, ______________________.

5) A: Bu zontik siznikimi?

B: Yo'q, ______________________.

8. Namunaga qarab bajaring. 예문처럼 완성하세요.

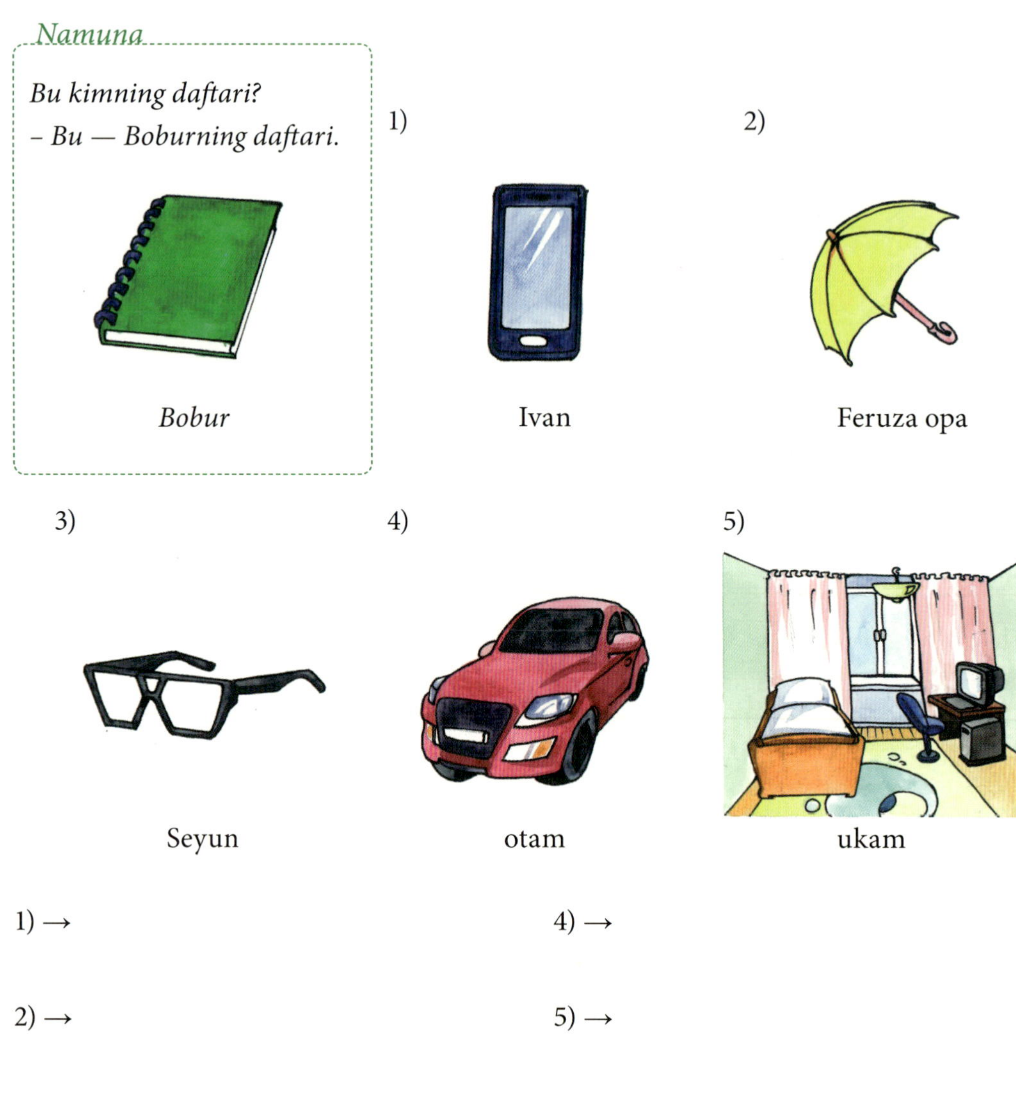

1) →

2) →

3) →

4) →

5) →

9. 8-mashqda berilgan rasmlardan foydalanib, namunadagiga o'xshash dialoglar tuzing.

8번의 그림을 활용하여 아래 예문과 비슷한 대화를 만드세요.

Namuna

9-1. *Bobur* → *Bu daftar Boburnikimi?*
– Ha, Boburniki.

9-2. *Sangmin* → *Bu daftar Sangminnikimi?*
– Yo'q, Sangminniki emas.

1) Ivan →

2) Iroda →

3) Seyun →

4) akangiz →

5) siz →

10. 8-mashqda berilgan rasmlar bo'yicha namunaga qarab dialoglar tuzing.

8번 그림과 예문을 보고 대화문을 만드세요.

Namuna

Bu daftar kimniki?
– Boburniki.

1) →

2) →

3) →

4) →

5) →

"B" mashqlar guruhi (연습문제 B) 

1. Dialoglarni do'stingiz bilan mashq qiling. 친구와 함께 대화를 연습하세요.

A: Bu sumka siznikimi?

B: Yo'q, meniki emas, Chisuniki.

A: Aaa. Shunaqami?

1) fleshka
Ivan

2) zontik
Sangmin

3) telefon
onam

2. Rasmlarga qarang va berilgan dialogga o'xshash dialoglar tuzing.
그림을 보고 예문 대화와 비슷하게 새로운 대화를 만드세요.

A: Bu sizning gazetangizmi?

B: Ha, meniki.

A: Marhamat.

B: Rahmat.

A: Arzimaydi.

1)

2)

3)

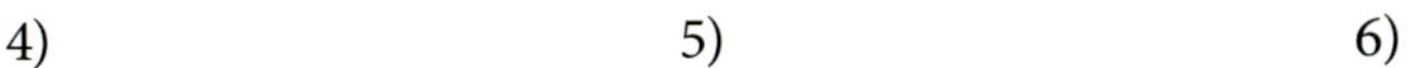

3. 2-mashqdagi rasmlardan foydalanib, berilgan dialogga o'xshash dialoglar tuzing.

2번 그림을 활용하여 주어진 대화와 유사한 대화를 만드세요.

A: Kechirasiz, bu gazeta siznikimi?

B: Yo'q, meniki emas.

A: Unda kimniki?

B: Bilmayman.

Audiomashqlar (듣기 활동) 

1. Tinglang va savollarga javob bering. 잘 듣고 질문에 대답하세요.

1) ______________________

2) ______________________

3) ______________________

4) ______________________

2. Tinglang va toʻgʻri javobga O belgisini, notoʻgʻri javobga X belgisini qoʻying.
잘 듣고 정답에 O 표시를, 오답에 X 표시를 하세요.

1) (   )　　2) (   )　　3) (   )

Oʻqish (읽기 활동)  

Matnni oʻqing. 지문을 읽으세요.

Mening ismim — Erkin. Familiyam — Komilov. Men oʻzbekistonlikman. Men talabaman. Bu — mening otam. Uning ismi — Oybek. U jurnalist. Bu esa mening onam. Uning ismi — Umida. Mening onam — shifokor. Bu — mening singlim Laziza. U ham talaba. Laziza — chiroyli qiz va yaxshi singil. Bu — bizning uyimiz. Bizning uyimiz katta va chiroyli.

Qo'shimcha ma'lumotlar (추가 표현)

Oila a'zolari va boshqalar 가족 구성원 및 기타 사람을 표현하는 단어

oila 가족
buva 할아버지
buvi 할머니
ota 아빠
ona 엄마
er 남편
xotin (= rafiqa) 부인

bola (= farzand) 자녀, 아이
o'g'il 남자아이
qiz 여자아이
aka 오빠, 형
uka 동생(남)
opa 언니/누나
singil 동생(여)

qarindosh 친척
amaki 삼촌
tog'a 외삼촌
amma 고모
xola 이모
jiyan 조카
do'st 친구
dugona 여자 친구

sevgan qiz 좋아하는 여자
tanish 아는 사람, 지인
erkak 남자
ayol 여자
yigit 젊은 남자, 남자 친구
qiz 젊은 여자, 소녀

O‘zbek tilida ism-shariflarning qo‘llanishi haqida
우즈베크어에서 이름-성(姓)의 사용법

오늘날 우즈베키스탄에서 성명(姓名)은 세 부분 — 성(姓), 이름, 그리고 아버지의 이름(즉, 부성(父姓) — 으로 이루어진다.

예 *Olimov Anvar Rustamovich* 또는 *Olimov Anvar Rustam o‘g‘li.*

오랫동안 우즈베크 민족에게 성(姓)은 존재하지 않았다. 대신 아버지의 이름에 *o‘g‘li/qizi*(아들/딸)라는 단어를 넣어 '누구누구의 아들' 혹은 '누구누구의 딸'로 구분 지었다. 그러나 소비에트 연방에 편입된 시기 러시아식 작명법이 우즈베크인들에게도 영향을 미쳐, 남성의 이름에는 러시아식 성 *-ov/-yev*를 넣고, 여성의 이름에는 *-ova/-yeva*를 넣고 오늘날 우즈베크식 성을 만들어 사용하게 된 것이다. 1991년 소비에트 연방이 붕괴했음에도 불구하고, 오늘날까지 국민의 상당수는 이러한 러시아식 성(姓) 표기를 유지하고 있다.

우리 한국인에게는 생소한 '부성(父姓)' — 즉, 러시아어에서의 "otchestvo" — 역시 우즈베크어 부성을 러시아식으로 만든 것이다. 남성들은 아버지의 이름에 *-ovich/-yevich*를 붙이고, 여성들은 위해서는 *-ovna/-yevna*를 붙인다. 그러나 독립 이후 태어난 우즈베크인들의 이름에서 부성 표기는 러시아식을 포기하고 과거 우즈베크인들의 방식으로 돌아가고 있다. 즉, 아버지의 이름에 *o‘g‘li/qizi*(아들/딸)를 붙이는 경우가 다수가 된 것이다.

우즈베키스탄 동북 지역의 페르가나(Farg‘ona)에서는 남성의 이름에 *-jon, -bek*와 같은 접사들을(Anvarjon, Botirbek), 여성들의 이름에는 *-xon, -oy*와 같은 접사들을(Feruzaxon, Oltinoy) 넣어 이름을 만드는 형태가 널리 행해지고 있다.

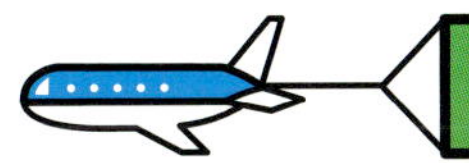

4-DARS

Joy
장소

Darsning maqsadi (학습목표)

- O‘zining va boshqa shaxsning yoshini aytish 자신과 다른 사람의 나이 말하기
- Narsaning narxini so‘rab bilish 사물의 가격 알아보기
- Joyning qayerligini aniqlash 장소의 위치 확인하기
- Kim qayerdaligini aytish va aniqlash 누가 어디서 왔는지 확인하기

Kirish savollar (도입 질문)

1. Siz O‘zbekistonda diqqatga sazovor qanday joylarni bilasiz? 당신은 우즈베키스탄을 대표하는 어떤 장소를 알고 있나요?
2. O‘zbekistonning bozorlarida nimalar sotib olish mumkin? 우즈베키스탄의 시장(bozor)에 가면 무엇을 살 수 있을까요?
3. Toshkent metrosiga tushganmisiz? 타슈켄트 지하철(metro)을 타 본 적 있나요?

Yangi so'zlar (새로운 단어)

nol 0
bir 1
ikki 2
uch 3
to'rt 4
besh 5
olti 6
yetti 7
sakkiz 8
to'qqiz 9
o'n 10

yigirma 20
o'ttiz 30
qirq 40
ellik 50
oltmish 60
yetmish 70
sakson 80
to'qson 90
yuz 100, 얼굴
ming 1,000
million 1,000,000

bank 은행
bekat 역
bog' 정원, 공원
bozor 시장
daryo 강
dengiz 바다
do'kon 상점, 가게
dorixona 약국
elchixona 대사관
fakultet 학부
hojatxona 화장실
ishxona 직장, 일터
kafe 카페, 식당
kinoteatr 영화관
kutubxona 도서관
ko'cha 거리
maktab 학교

maydon 광장
mehmonxona 호텔
metro 지하철
oshxona 음식점
pochta 우체국
qavat 층
restoran 식당
sportzal 운동장/체육관
stadion 경기장
supermarket 대형 마트
tog' 산
tuman 구, 구역
xonadon 집, 가정
viloyat 지방, 주(州)
zavod, fabrika 공장
shifoxona 병원

bu yer 이곳
anavi yer 저곳
bu yerda 이곳에서
shu yerda 저곳에서
mana bu yerda 바로 이곳에서
anavi yerda 저곳에서
kiyim 의복, 옷
to'g'rida 앞에
o'ng tomonda 오른쪽에
chap tomonda 왼쪽에
manzil 주소
oziq-ovqat 식료품
sxema 차트, 표
tabiat 자연
yosh 젊은, 나이
qaysi 어떤(의문사)
qanday 어떻게, 어떤(의문사)

Bering. 주세요.
Beraymi? (내가) 줄까요?

Grammatika (문법)

수(數)

[0-10까지 수]

0	nol	1	bir	2	ikki	3	uch
4	to'rt	5	besh	6	olti	7	yetti
8	sakkiz	9	to'qqiz	10	o'n		

[10단위, 100단위 수]

10	o'n	20	yigirma	30	o'ttiz	40	qirq
50	ellik	60	oltmish	70	yetmish	80	sakson
90	to'qson	100	yuz	200	ikki yuz	600	olti yuz

[천, 백만]

1,000	ming	1,000,000	million

이제부터는 숫자를 조합하면 된다. 예를 들어, 두 자릿수인 12의 경우, 10(십)+2(이), 즉 *o'n ikki*가 된다. 23은 20(이십)+3(삼)으로 *yigirma uch*이다.

세 자리 이상의 경우도 살펴보자. 예를 들어, 230은 200(이백)+30(삼십)으로 *ikki yuz*(이백) *o'ttiz*(삼십), 즉 *ikki yuz o'ttiz*라고 쓰면 된다. 579는 *besh yuz yetmish to'qqiz*이다.

1-Izoh

우즈베크어 숫자는 3자리 단위로 끊어서 읽어주면 된다. 아무리 긴 숫자도 이 규칙에 따라 읽을 수 있다. 예를 들어, 8,672,145는 우즈베크어로,

*sakkiz million olti yuz yetmish ikki ming bir yuz qirq besh*이다.

즉, 8,672,145의 첫 번째 ,는 *million*, 두 번째 ,는 *ming*이라는 단위로 읽어주면 된다.

A: Necha yoshdasiz?
B: O'ttiz besh yoshdaman.
(=)
A: Yoshingiz nechada?
B: O'ttiz beshda.

A: 당신은 몇 살입니까?
B: 35살입니다.

Kim	necha yoshda?	
Men	yigirma bir yoshda+	man.
Sen		san.
Siz		siz.
U		.
Biz		miz.
Sizlar		sizlar.
Ular		lar.

1. Misollarni o'qing. O'zingiz ham shunga o'xshash gaplar tuzib ko'ring.
예문들을 읽고, 여러분도 비슷한 문장을 만들어보세요.

1) Bobur, necha yoshdasiz?

2) Men yigirma besh yoshdaman.

3) Mening opam o'ttiz yoshda.

4) Otangiz necha yoshda?

2.

2-1. Dialoglarni o'qing. 대화를 읽으세요.

1) A: Yoshingiz nechada?
   B: O'n sakkizda.
   A: Akangiz necha yoshda?
   B: Yigirma besh yoshda.
2) A: Qizingiz necha yoshda?
   B: O'n ikki yoshda.
   A: O'zingiz necha yoshdasiz?
   B: O'ttiz besh yoshdaman.

2-2. Do'stlaringiz va ularning oila a'zolarining yoshini so'rab biling.
친구들과 그들의 가족 구성원의 나이를 물어보세요.

2-3. Do'stlaringizning yoshini ayting. 친구들의 나이를 말해보세요.

의문대명사 *necha, qayer*

[necha?]

*necha*는 수량을 물어보는 의문사로 주로 수량과 관련한 단위(*km², kg, so'm, dollar, von(won)* [화폐 단위], 시간 등)와 함께 사용된다. 아래 예를 보자.

예 *U necha yoshda? – U yigirma ikki yoshda.*
Sen necha yoshdasan? – Men 33 yoshdaman.
Samarqanddan Toshkentgacha necha kilometr?
Bu kitob necha so'm? To'rt ming so'm.
Hozir soat necha bo'ldi? – Soat olti.

[qayer]

*qayer*는 장소를 물어보는 의문사이다. 주로 처격 *-da*와 함께 사용된다.

예 *Bu yer qayer? – Bu yer — teatr.*
Teatr qayerda? – Teatr to'g'rida.

즉, '누가', '무엇'이 어디 있는지 물어보는 데 사용됨을 알 수 있다. 다음 대화를 보자.

예 *Qayerdasiz? – Dorixonadaman.*
Farzonaning onasi qayerda? – Muzeyda.
Gulnozaning telefoni qayerda? – Darsxonada.

A: Shapka *necha* pul turadi?	A: 모자는 얼마에요?
B: 20.000 so'm.	B: 20.000 숨입니다.

3. Dialoglarni o'qing va do'stingiz bilan mashq qiling.

대화를 읽은 후, 친구와 함께 연습하세요.

1) A: Bu kitob necha pul turadi?
   B: 30.000 so'm.

2) A: Sharf necha pul turadi?
   B: 15.000 so'm.

A: Bu yer *qayer*?	A: 여기는 어디인가요?
B: Bu yer — teatr.	B: 여기는 극장입니다.
A: Oshxona *qayerda*?	A: 식당은 어디에 있어요?
B: Anavi yerda.	B: 저기에 있어요.

4. Misollarni o'qing. 예문을 읽으세요.

1) A: Bu yer Samarqandmi?
   B: Ha, bu yer — Samarqand.

2) A: Kechirasiz, metro qayerda?
   B: Anavi yerda.

3) A: Anvar aka qayerda?
   B: Ishxonada.

4) A: Bank qayerda?
   B: O'ng tomonda.

5) A: Metro qayerda?
   B: Chap tomonda.

2-Izoh

necha, qayer 모두 자체로 의문사이기 때문에 의문 접미사인 *-mi*는 붙이지 않는다.

예 *Bu kitob necha so'm~~mi~~?*
U qayerda~~mi~~?

명사 수식법

우즈베크어에서는 명사와 명사가 나란히 올 때 명사 간의 관계를 구체화하기 위한 목적으로 일정한 어미를 붙이는데, 이를 '명사수식법'이라 한다. 다음 2가지 형태로 활용된다.

1형) 수식명사-ning 피수식명사(s)i
2형) 수식명사 피수식명사(s)i

피수식 명사가 자음으로 끝나면 *-i*, 모음으로 끝나면 *-si*를 붙이는데, 아래 예시를 통해 확인해보자.

1형 예

mashina-ning egasi 자동차의 주인

2형 예

O'zbekiston Respublikasi 우즈베키스탄 공화국 *o'zbek tili* 우즈베크어

A: Bu qaysi mehmonxona?	A: 이곳은 어떤 호텔인가요?
B: Bu — "O'zbekiston" mehmonxona*si*.	B: 여기는 "우즈베키스탄" 호텔입니다.

5.

5-1. Misollarni oʻqing. Otlarning ishlatilishiga e'tibor bering.

예문을 읽고, 명사가 어떻게 활용되었는지 살펴보세요.

Toshkent shahri, Samarqand shahri, Alisher Navoiy teatri, "Ilhom" teatri, O'zbekiston milliy universiteti, Bodomzor bekati, Chorsu bozori, Koreya elchixonasi, "Interkontinental" mehmonxonasi, Farg'ona viloyati, Yunusobod tumani, Orol dengizi, Alisher Navoiy kutubxonasi, Oybek ko'chasi, "Temuriylar tarixi" muzeyi, "Bahor" restorani, Mustaqillik maydoni, "Xalq so'zi" gazetasi, "Saodat" jurnali, "Neksiya" mashinasi, "Makro" supermarketi, o'zbek tili darsi, oziq-ovqat do'koni, tarix fakulteti, kiyim fabrikasi.

5-2. Siz yashayotgan shaharda joylashgan teatr, muzey, mehmonxona, maydon, daryo, tog' nomlarini ayting.

당신이 살고 있는 도시의 극장, 미술관, 호텔, 광장, 강, 산의 이름들을 말하세요.

5-3. Toshkent metrosi bekatlari nomlarini ayting.

타슈켄트에 있는 지하철역의 이름을 말하세요.

Toshkent metropoliteni sxemasi

처격 *-da*

처격은 장소를 의미하는 격조사이다. 주로 장소를 나타내는 명사 뒤에 붙어 '~에서'라는 뜻을 표현한다. '누가 어디에 있다'라는 표현도 처격을 사용하여 만들 수 있다.

* 문장 구조: (주어) (장소)+*da*+(주어에 상응하는 종결어미).

예 *Men universitet-da-man.*
Sen Yaponiya-da-san.

의문형은 평서문 문장 마지막에 *-mi?*를 붙이면 된다. 물론 의문사가 올 경우 *-mi?*는 쓸 수 없다.

예 *U kasalxona-da-mi?*
Uyda-mi-siz?
Qayer-da-san?

Kim	**qayerda?**		
Men			**man.**
Sen			**san.**
Siz			**siz.**
U	universitet+	**da+**	**.**
Biz			**miz.**
Sizlar			**sizlar.**
Ular			**.**

A: Qayer*dasiz*? A: (당신은) 어디에 있습니까?
B: Elchixona*daman*. B: (나는) 대사관에 있습니다.

6. Misollarni o'qing. 예문을 읽으세요.

1) Hozir siz qayerdasiz?
2) Onangiz qayerda?
3) Men hozir darsxonadaman.
4) Mening dugonam teatrda.
5) Sizning do'stingiz kutubxonada.

A: Hozir siz universitetda*misiz?*	A: 지금 당신은 대학교에 있습니까?
B: Ha, universitetdaman.	B: 네, 대학교에 있습니다.
(Yo'q, universitetda emasman, uydaman.)	(아니요, 대학교에 있지 않습니다. 집에 있어요.)

7. Misollarni o'qing va o'zingiz ham berilgan dialoglarga o'xshash dialoglar tuzing.

예문을 읽은 후, 여러분들도 이와 비슷한 대화를 만드세요.

A: Ishxonadamisiz?
B: Ha, ishxonadaman.
(Yo'q, ishxonada emasman, teatrdaman.)

A: Opangiz Toshkentdami?
B: Ha, Toshkentda.
(Yo'q, Toshkentda emas, Samarqandda.)

"A" mashqlar guruhi (연습문제 A) 

1. Quyida berilgan buyumlarning narxini soʻrang va javob bering.

아래에 주어진 물건의 가격을 물어보고 대답하세요.

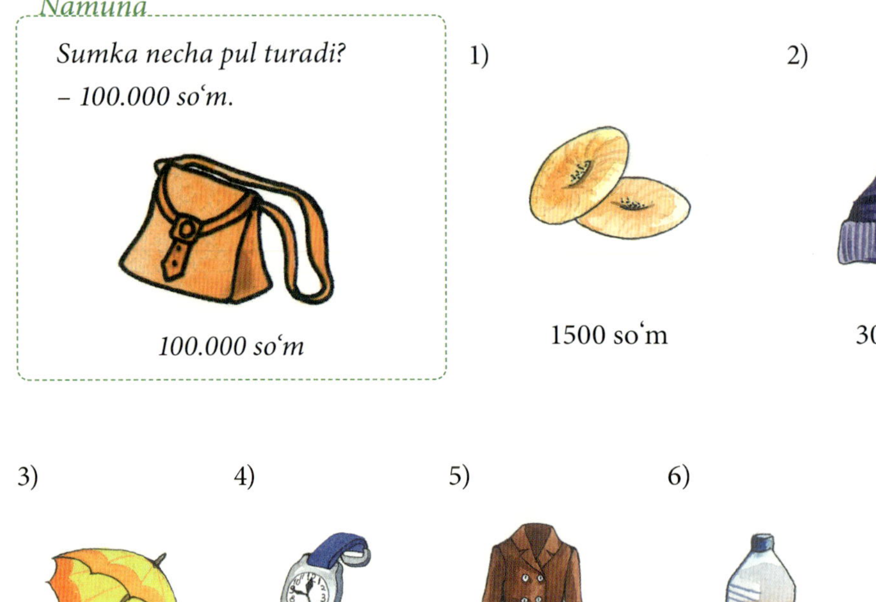

Namuna

Sumka necha pul turadi?
– 100.000 soʻm.

100.000 soʻm

1) 1500 soʻm

2) 30.000 soʻm

3) 35.000 soʻm

4) 80.000 soʻm

5) 250.000 soʻm

6) 1500 soʻm

7) 400.000 soʻm

1) →

2) →

3) →

4) →

5) →

6) →

7) →

2. Rasmlardagi joylar qayerligini ayting. 그림 속 장소가 어디인지 말하세요.

Namuna

Bu yer — kinoteatr.

1)

2)

3)

4)

1) →

2) →

3) →

4) →

3. Namunaga qarab bajaring. 예문을 보고 문장을 만들어 보세요.

Namuna

auditoriya → *Auditoriya qayerda?*
– Anavi yerda.

1)

2)

3)

1) telefon →

2) sportzal →

3) Sangmin →

4. Berilgan so'zlardan foydalanib, nima qayerda joylashganini ayting.

주어진 단어를 사용하여 무엇이 어디에 위치해 있는지 말하세요.

Namuna

kutubxona (2-qavat) → *Kutubxona qayerda?*
– 2-qavatda.

1) hojatxona (1-qavat) →

2) ko'zoynak (stolda) →

3) kompyuter (ishxona) →

4) dorixona (anavi yer) →

5. Namunaga qarab bajaring. 예문을 보고 문장을 만들어 보세요.

Namuna

*Siz * universitet → Qayerdasiz?*
– Universitetdaman.

1) Siz * kinoteatr → ____________________

2) Men * shifoxona → ____________________

3) Iroda * kutubxona → ____________________

4) Sara * bozor → ____________________

5) Siz * uy → ____________________

6) Sizlar * stadion → ____________________

7) Sizlar * restoran → ____________________

8) Feruza va Salima * teatr → ____________________

9) Anvar aka va Sangmin * kutubxona → ____________________

6. Savollarga namunadagidek qisqa javob bering.

예문과 같이 질문에 짧은 형태로 대답하세요.

Namuna

A: Iroda, kitobingiz qayerda?

B: Stolda.

1) A: Chisu, gazetangiz qayerda?

   B: ______________.

2) A: Bobur, buvingiz qayerda?

   B: ______________.

3) A:Sangmin, uyingiz qayerda?

   B: ______________.

"B" mashqlar guruhi (연습문제 B) 

1. Dialogni do'stingiz bilan mashq qiling. 친구와 함께 대화를 연습하세요.

A: Kechirasiz, Koreya elchixonasi qayerda?
B: Anavi yerda.
A: Rahmat.
B: Arzimaydi.

1) Oybek bekati 2) Chorsu bozori 3) 5-uy 4) 17-maktab

2. Dialogni do'stingiz bilan mashq qiling. 친구와 함께 대화를 연습하세요.

A: Bu yer nima?
B: Zavod.
A: Qanday zavod?
B: Mashina zavodi.
A: Juda katta ekan*.
B: Ha, juda katta.

1) bank
"Ipak yo'li"
chiroyli

2) maktab
sport
kichkina

3) muzey
tabiat
katta

*ekan은 말할 당시 깨달은 사실에 대해 말할 때 쓴다. 이 문법은 중급에서 자세히 다룬다.

Audiomashqlar (듣기 활동) 

1. Tinglang va savollarga javob bering. 잘 듣고 질문에 대답하세요.

1) ______________________________

2) ______________________________

3) ______________________________

4) ______________________________

5) ______________________________

6) ______________________________

7) ______________________________

2. Tinglang va to'g'ri javobga O belgisini, noto'g'ri javobga X belgisini qo'ying.
잘 듣고 정답에 O 표시를, 오답에 X 표시를 하세요.

1) (　　)　2) (　　)　3) (　　)　4) (　　)　5) (　　)

O‘qish (읽기 활동)

Matnni o‘qing. 지문을 읽으세요.

Mening ismim — Ivan. 48 yoshdaman. Hozir men O‘zbekistondaman. Mening oilam esa Rossiyada. Mening uyim Moskvada, Chkalov ko‘chasida.

Men shifokorman. Hozir men “Darmon” shifoxonasida ishdaman. Bu shifoxona juda katta. Mening rafiqam Olga — uy bekasi. Hozir u uyda. Mening qizim Irina 20 yoshda. U talaba. U hozir universitetda. Siz hozir qayerdasiz?

Qo'shimcha ma'lumotlar (추가 표현)

Favqulodda holatlar telefonlari 우즈베키스탄 응급전화번호

1050	Qutqaruv xizmati	조난, 구조 요청
101	Yong'inga qarshi himoya	화재
102	Militsiya	경찰 (범죄 신고)
103	Tez yordam	응급의료

Manzil qanday yoziladi? 주소는 어떻게 적나요?

Manzil:

150701

O'zbekiston Respublikasi, Farg'ona viloyati, Qo'qon shahri, Navoiy ko'chasi, 15-uy, 8-xonadon.

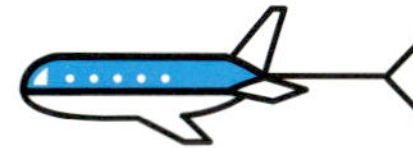

5-DARS

Bayram. Tug'ilgan kun.
명절과 생일

Darsning maqsadi (학습목표)

- Sanani aytish 날짜 말하기
- O'zining va boshqa shaxslarning tug'ilgan kunini aytish 자신과 다른 사람의 생일 말하기
- Kimda nima borligini/yo'qligini aytish 누구에게 무엇이 있는지/없는지 말하기
- Oshxonada buyurtma berish 식당에서 주문하기

Kirish savollar (도입 질문)

1. O'zbek do'stingizning tug'ilgan kuni qachonligini bilasizmi? 당신의 우즈베크인 친구의 생일이 언제인지 알고 있나요?
2. Siz yeb ko'rgan o'zbek milliy taomi haqida gapirib bering. 당신이 먹어본 우즈베키스탄 전통 음식에 대해 이야기 해보세요.
3. O'zbekistonda nishonlanadigan "Navro'z" bayrami haqida nimalarni bilasiz? 우즈베키스탄 최대 명절인 Nav'roz에 대해 무엇을 알고 있나요?

Yangi so'zlar (새로운 단어) 

oy 달
yanvar 1월
fevral 2월
mart 3월
aprel 4월
may 5월
iyun 6월

iyul 7월
avgust 8월
sentabr 9월
oktabr 10월
noyabr 11월
dekabr 12월

bayram 명절
chipta (= bilet) 표
dori 약
gap 문장
imtihon 시험
mahalla 구획, 마을
Navro'z 나브로즈
noutbuk 노트북
so'm 솜 (화폐단위)
so'z 단어

olma 사과
qo'l telefoni 휴대전화
qovun 멜론
reja 계획
sana 수, 날짜
savol 질문
sumalak 수말략
tug'ilgan kun 생일
uchrashuv 만남, 약속
vaqt 시간

non 빵
sho'rva 쇼르바 , 고깃국
somsa 솜싸
kabob 샤슬릭, 꼬치구이
manti 만티 (만두)
achchiq-chuchuk 아츠측(샐러드)

suv 물
kola 콜라
sprayt 스프라이트
qora choy 홍차
ko'k choy 녹차
qahva (= kofe) 커피

qachon 언제
milliy 전통의, 민족의
oq 흰색의

qora 검은색의
oilali 가족이 있는, 결혼한

Men 1995-yil 17-aprelda tug'ilganman. 나는 1995년 4월 17일에 태어났어요.

Iltimos. 부탁합니다.
Mabodo (부정문에서) 아마도
Necha pul turadi? 얼마인가요?
Ko'rsam maylimi? 봐도 되나요?
Men uni olaman. 그것을 살게요.
Kelib turing. 와주세요.
Berib turing. 빌려주세요.
Keling. 들어오세요, 오세요
Mustaqillik kuni 독립기념일

Yangi yil 새해
Xush kelibsiz. 어서 오세요, 환영합니다.
Nima yeysiz? 무엇을 드시겠어요?
Nima ichasiz? 무엇을 마시겠어요?
Bizga 2 ta lag'mon bering. 저희에게 라그만 2접시를 주세요.
Xo'p bo'ladi. 좋아요, 알겠습니다.
Yoqimli ishtaha! 맛있게 드세요!
Osh bo'lsin! 맛있게 드세요!

-da joylashgan ~에 위치한

Grammatika (문법)

의문사 *qaysi*를 활용한 날짜 묻기

*qaysi*는 '어떤'이라는 의미의 의문사로 품사 상 형용사이기 때문에 뒤에 명사가 위치한다.

예 *Bugun qaysi sana?*
Bu qaysi rang?
Qaysi kitob meniki?

A: Bugun *qaysi* sana?	A: 오늘은 몇 월 며칠입니까?
B: Bugun yigirma ikkinchi mart.	B: 오늘은 3월 22일입니다.

1. Misollarni oʻqing. 예문을 읽으세요.

1) Bir ming toʻqqiz yuz toʻqson beshinchi yil oʻn beshinchi yanvar (15.01.1995-y.).
2) Ikki ming oʻn beshinchi yil birinchi aprel (01.04.2015-y.).
3) Bir ming toʻqqiz yuz ellik toʻrtinchi yil uchinchi sentabr (03.09.1954-y).
4) Ikki minginchi yil toʻqqizinchi oktabr (09.10.2000-y.).
5) Bir ming toʻqqiz yuz sakson toʻqqizinchi yil oʻttiz birinchi iyul (31.07.1989-y.).

의문사 *qachon*을 활용한 날짜/시간 묻기

*qachon*은 시간을 물어보는 의문사로, 처격 *-da*가 시간을 나타내는 의미의 격조사로 함께 사용된다. 아래 예문들을 보자.

예 *Navroʻz bayrami qachon? – Yigirma birinchi martda.*
Bobur qachon keladi? – Soat 5 da keladi.
Qachon kelasiz? – Bugun/ertaga/kelasi yil kelaman.

단, 시간의 의미를 가지고 있는 명사는 처격 *-da* 없이 단독으로 쓰인다.

A: Tug'ilgan kuningiz *qachon*?	A: (당신의) 생일은 언제입니까?
B: Beshinchi mart*da*.	B: 3월 5일입니다.

2. Misollarni o'qing. 예문을 읽으세요.

1) A: Tug'ilgan kuningiz qachon?
   B: (Mening) tug'ilgan kunim beshinchi fevralda.

2) A:Navro'z bayrami qachon?
   B: Yigirma birinchi martda.

3) A:Yangi yil bayrami qachon?
   B: Birinchi yanvarda.

3. Savollarga javob bering. 질문에 답하세요.

1) Tug'ilgan kuningiz qachon?
2) Otangizning, onangizning, akangizning, opangizning, ukangizning, singlingizning, tug'ilgan kunlari qachon?
3) O'zbekistonda Mustaqillik kuni qachon?
4) Mamlakatingizda Yangi yil bayrami qachon?

☑ bor/yo'q 있다/없다

*bor*는 '있다', *yo'q*는 '없다'라는 뜻이다.[1] 따라서 '무엇이 있다', 혹은 '무엇이 없다'라는 표현은 우즈베크어로, '무엇 *bor.*' 또는 '무엇 *yo'q.*'의 형태로 만들면 된다.

예 *Kompyuter bor. Televizor yo'q.*

이때 '무엇이 있어?' 또는 '무엇이 없어?'라고 하고 싶을 때는, *bor* 또는 *yo'q* 뒤에 *-mi?*를 붙여 쓰면 된다.

예 *A: Xonangizda kompyuter bormi?*
B: Ha, bor.
A: Televizor-chi?
B: Televizor yo'q.

여기서 *Televizor-chi?*는 'TV는요?'라는 뜻으로, *Televizor ham(역시) bormi?*와 같은 뜻이다. 앞서 문장에서 무엇이 있느냐는 질문과 같은 패턴의 질문이 이어질 때, *-chi*라는 의문사로 대체하여 쓰기도 한다.

---

1) *yo'q*은 '예, 아니다'의 '아니다'라는 뜻도 가지고 있다.

A: Akangiz *bormi?*
B: *Ha*, (mening akam) *bor*.
Yo'q. (또는, *Yo'q*, mening akam *yo'q*.)

A: (당신의) 형이 있나요?
B: 네, (나의 형이) 있어요.
아니요, (나의 형은) 없어요.

Kimning	kimi/nimasi	bor/yo'q?
Mening	akam	
Sening	akang	
Sizning	akangiz	
Uning	akasi	*bor.* *yo'q.*
Bizning	akamiz	
Sizlarning	akangiz	
Ularning	akasi	

4. Misollarni o'qing. 예문을 읽으세요.

1) Mening telefonim bor.
2) Temurning ikkita opasi bor.
3) Bugun bizning darsimiz yo'q.
4) (Sizning) savolingiz bormi?
5) Do'stimning puli yo'q.
6) (Sening) iting bormi?
7) (Sizning) rejangiz bormi?
8) Onamning beshta sumkasi bor.

☑ 무엇이/누가 (.....)에 있다/없다

이제 우즈베크어로 '무엇이/누가 (장소)에 있다/없다'라는 문장을 만들어보자. 다음 두 가지 형태로 표현이 가능하다.

1식) (주어) (장소)*da*+(인칭어미)./(장소)*da emas*(인칭어미).
2식) (장소)*da* (주어) *bor.*/*yo'q.*

1식과 2식에는 약간의 의미 차이가 있다. 예시로 살펴보자.

1식) (주어) (장소)*da*+(인칭어미). (주어) (장소)*da emas*(인칭어미).	2식) (장소)*da* (주어) *bor.* (장소)*da* (주어) *yo'q.*
Talaba darsxonada. 학생은 교실에 있다. (특정 학생)	*Darsxonada talaba bor.* 교실에 학생이 있다. (학생이 누구든지 한 명이라도 있을 때 쓰임)
Talaba darsxonada emas. 학생은 교실에 있지 않다. (다른 곳에 있다. 여기서 학생은 특정한 학생)	*Darsxonada talaba yo'q.* 학생이 교실에 (한 명도) 없다.
Telefon mehmonxonada. 전화기가 호텔에 있다. (나의 핸드폰 등 특정한 전화기일 때 쓰임)	*Mehmonxonada telefon bor.* 호텔에 전화기가 있다. (여기서 전화기는 아무 전화기가 다 됨)
Telefon mehmonxonada emas. 전화기가 호텔에 있지 않다. (특정한 전화기가 다른 곳에 있다)	*Mehmonxonada telefon yo'q.* 호텔에 전화기가 없다. (하나도 없다)

즉, 1식의 경우에는 주어를 특정하여 쓰는 반면, 2식의 경우는 불특정 대상이 주어로 올 때 사용하는 형태임을 유의하자.

A: Xonangiz*da* kompyuter *bormi*?	A: (당신의) 방에 컴퓨터가 있나요?
B: Ha, bor.	B: 네, 있어요.
A: Shkaf-chi?	A: 책장은요?
B: Shkaf yo'q.	B: 책장은 없어요.

5. Misollarni o'qing. 예문을 읽으세요.

1) Xonamda stol bor.
2) Xonangizda televizor bormi?
3) Ukamning ishxonasida printer bor.
4) Darsxonada yozuv taxtasi bor.

의문사 *nechta*

*nech+ta*의 형태로, *-ta*는 우즈베크어에서 '~ 개'라는 셀 수 있는 명사에 붙인다.

예 *beshta talaba*
o'nta qalam
yigirmata sumka

1-Izoh

*-ta*에 대해서 간단히 알아보자. '숫자+*ta*'의 형태로 사용하게 되면, '~ 개'라는 셀 수 있는 명사의 개수를 쓸 때 사용한다. 단, '한(1) 개'는 *bir+ta*가 아니라 *bitta*로 쓴다. 이 외 나머지 숫자는 '숫자+*ta*'의 규칙을 따른다.

예 *bitta olma, ikkita stol, uchta nok, to'rtta ruchka... o'nta talaba*

A: Xonada *nechta* stol va stul bor?	A: 방에 몇 개의 책상과 의자가 있나요?
B: Bitta stol va oltita stul bor.	B: 책상 한 개와 의자 여섯 개가 있어요.

6. Misollarni o'qing. 예문을 읽으세요.

Mening uch**ta** akam bor.

Xonada bit**ta** stol va olti**ta** stul bor.

Mening besh**ta** ruchkam bor.

Stolda o'n bit**ta** kitob bor.

우즈베크어에서 소유 표현은 소유격 어미 사용

우즈베크어에서 소유 표현은 대상에 소유격 어미를 붙여서 만든다. 소유 표현은 크게 2 가지로 가능하다.

1식)	2식)
(주어)*-ning* (사람/사물)+인칭어미 *bor./yo'q.*	(사람/사물/장소)*-da* (주어: 사물만) *bor./yo'q.*
소유격 어미*(-im, -ing, -i(si), -ingiz, -imiz, -lari)* 활용	*-da* 처격 활용
대상에 사람, 사물 모두 들어갈 수 있다.	주어에 사물만 들어간다. 사물이 주어이다.
예 *Mening kitobim bor.* *Sening ukang bor.* *Bizning ruchkamiz yo'q.* *Irodaning opasi yo'q.* *Kimning singlisi bor?* *Kimning daftari yo'q?*	예 *Menda ruchka bor.* *Unda kitob yo'q.* * *Kimda lug'at bor?* *Annada aka bor.* (X) *Kumarda do'st yo'q.* (X) *Kimda rafiqa yo'q?* (X)
여기서 대상은 *-ning*이 붙은 주어에 소유/소속되어 있음이 확실하다.	단, 여기에서 사물의 소유/소속은 정확하지 않다. 위치만 확인 가능하다.

A: Kim*ning lug'ati* bor? — A: 누가 사전을 가지고 있나요?

B: Me*ning lug'atim* bor. — B: 제가 가지고 있습니다.

(=)

A: Kim*da lug'at* bor?

B: Men*da (lug'at)* bor.

A: Kimning ukasi bor? — A: 누가 동생이 있나요?

B: Mening ukam bor. — B: 저한테 동생이 있습니다.

(≠)

*(아래 표현은 잘못됨)

A: ~~Kim*da uka* bor?~~

B: ~~Men*da (uka)* bor.~~

2-Izoh

*에서와 같이, 인칭대명사 *u* 뒤에 *-da*가 오면, *n*을 첨가하여 *unda*라고 쓴다. 여격 조사인 *-ga*가 올 때도 같은 형태로 변화한다.

예 *unda, unga*

7. Misollarni oʻqing. 예문을 읽으세요.

1) Menda kitob bor.
2) Senda kompyuter bormi?
3) Sizda mashina bormi?
4) Unda soat bormi?
5) Bizda chipta bormi?
6) Sizlarda qalam bormi?
7) Ularda qoʻl telefoni bormi?

"A" mashqlar guruhi (연습문제 A) 

1. Quyidagi sanalarni o'qing. 아래 날짜를 우즈베크어로 읽어보세요.

Namuna

01.01.1935-y. → Bir ming to'qqiz yuz o'ttiz beshinchi yil birinchi yanvar

1) 30.07.1961-y. →

2) 28.02.1941-y. →

3) 19.04.2003-y. →

4) 15.03.1988-y. →

5) 11.05.2017-y. →

2. Savollarga javob bering. 질문에 답하세요.

1) Mashinangiz bormi?

–

2) Noutbugingiz bormi?

–

3) Itingiz bormi?

–

4) Mushugingiz bormi?

–

5) Velosipedingiz bormi?

– ___

6) Fotoapparatingiz bormi?

– ___

7) Opa-singlingiz, aka-ukangiz bormi?

– ___

8) Vaqtingiz bormi?

– ___

3. Rasmlarga qarab gap tuzing. 그림을 보고 문장을 만드세요.

1) Mening ___ bor. → ___

2) Sizning ___ bormi? → ___

3) Uning ___ bor. → ___

4) Sizlarning ___ bormi? → ___

5) Bizning ___ bor. → ___

4. Namunaga qarab bajaring. 예문처럼 완성하세요.

Namuna

Jurnalingiz bormi?
– Ha, jurnalim bor.
(– Yo'q, jurnalim yo'q.)

1) 2) 3) 4) 5)

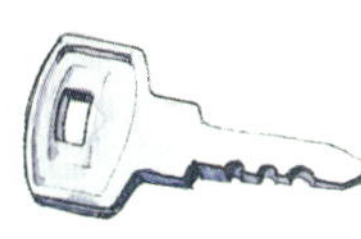

1) →

2) →

3) →

4) →

5) →

5. Namunaga qarab bajaring. 예문처럼 완성하세요.

Namuna

mashina →	*Sangminning mashinasi bormi?*
	– Yo'q, Sangminning mashinasi yo'q.

1) velosiped →

2) printer →

3) pul →

4) kompyuter →

5) mushuk →

6) ko'zoynak →

7) zontik →

6. Do‘stingizdan uning xonasida quyidagi buyumlar bor/yo‘qligini so‘rang.

친구의 방에 아래 그림에 있는 물건들이 있는지/없는지 물어보세요.

7. Rasmdagi narsalar nechtaligini ayting. 그림의 물건이 얼마인지 말하세요.

8. Savollarga namunadagidek javob bering. 예문을 보고 다음 질문에 대답하세요.

Namuna

Xonada nechta stul bor?
– Xonada oltita stul bor.

1) Xonada nechta talaba bor?
2) Fakultetda nechta oʻqituvchi bor?
3) Shahringizda nechta muzey bor?
4) Xonangizda nechta stol va nechta stul bor?
5) Shahringizda nechta universitet bor?
6) Bu xonada nechta qiz bor?

9. Namunaga qarab bajaring. 예문처럼 완성하세요.

Namuna

Bu gapda to'rtta so'z bormi? (5)
– Yo'q, bu gapda 5 ta so'z bor.

1) Xonada ikkita deraza bormi? (6)

– ______________________

2) Stolda to'rtta olma bormi? (5)

– ______________________

3) Xonadoningizda ikkita xona bormi? (3)

– ______________________

4) Bu xonada beshta stul bormi? (6)

– ______________________

10. Namunaga qarab bajaring. 예문처럼 완성하세요.

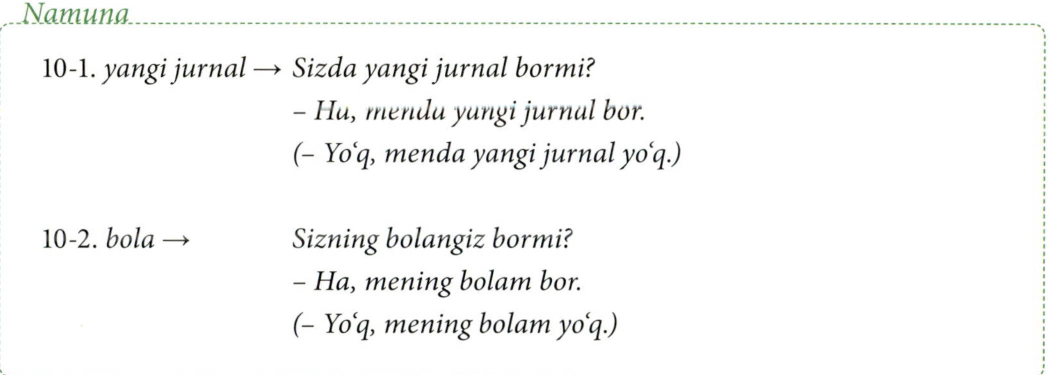

Namuna

10-1. *yangi jurnal* → *Sizda yangi jurnal bormi?*
– Ha, menda yangi jurnal bor.
(– Yo'q, menda yangi jurnal yo'q.)

10-2. *bola* → *Sizning bolangiz bormi?*
– Ha, mening bolam bor.
(– Yo'q, mening bolam yo'q.)

yangi jurnal, gazeta, qiziqarli kitob, chiroyli sharf, televizor, yangi palto, mashina, bola, qiz, o'g'il, aka, opa, buvi, buva, telefon.

11. Quyidagi holatlarda oʻz yordamingizni taklif qiling.

아래의 상황에서 당신의 도움을 제안하시오.

Namuna

기차를 타고 가고 있다. 당신의 앞에 앉은 사람이 무언가를 읽으려고 한다. 그에게 당신이 갖고 있는 잡지를 (읽어보라) 제안하시오.
→ *Menda gazeta bor. Beraymi?*

1) 당신은 친구와 함께 자동차를 타고 가고 있다. 친구의 머리가 갑자기 아프다. 그에게 당신의 약을 (먹어보라고) 제안하시오.
→ ______________________________

2) 당신의 친구가 편지를 쓰려고 한다. 그러나 그녀는 볼펜을 찾지 못하고 있다. 그녀에게 당신의 볼펜을 (쓰라고) 제안하시오.
→ ______________________________

"B" mashqlar guruhi (연습문제 B)

1. Dialogni do'stingiz bilan mashq qiling. 친구와 함께 대화를 연습하세요.

A: Kechirasiz, mabodo ruchkangiz yo'qmi?

B: Bor.

A: Itimos, berib turing.

B: Marhamat.

A: Rahmat.

1) lug'at 2) telefon 3) o'n ming so'm pul

2. Rasmga qarang va do'stingiz bilan quyidagi dialogni davom ettiring.
그림을 보고 친구와 함께 아래의 대화를 이어나가 보세요.

A: Xonangizda shkaf bormi?

B: Yo'q, (xonamda shkaf yo'q).

A: Xonangizda soat bormi?

B: Ha, bor.

A: Telefon-chi?

B: Telefon yo'q.

3. Dialogni o'qing va do'stingiz bilan mashq qiling. 대화를 읽고 친구와 함께 연습하세요.

A: Keling. Xush kelibsiz. Nima yeysiz?

B: Bizga bitta non, ikkita somsa, bitta lag'mon va ikkita kabob bering.

A: Nima ichasiz?

B: Qora choy va bitta kola bering.

A: Xo'p bo'ladi.

4. Taomnomadan foydalanib, yuqoridagiga o'xshash dialoglar tuzing.
메뉴판을 이용하여 위와 같은 대화를 만드세요.

Audiomashqlar (듣기 활동) 

Dialogni eshiting va berilgan rasmlar orasidan mijozlar qanday buyurtmalar berganini toping. 대화를 듣고 손님이 어떤 주문을 했는지 아래 그림에서 찾으세요.

1)

a.

b.

c.

2)

a.

b.

c.

O'qish (읽기 활동)

Matnni o'qing. 지문을 읽으세요.

Mening ismim — Pedro. Men ispaniyalikman. Men ispan tili o'qituvchisiman. Men 1973-yilda tug'ilganman. Tug'ilgan kunim — 5-may. Men oilaliman. Mening rafiqam, bir qizim va bir o'g'lim bor. Bizning uyimiz chiroyli mahallada joylashgan. Bizning mahallamizda do'kon, oshxona, kutubxona va maktab bor. Sizning mahallangizda nimalar bor?

대표 명절 NAVRO'Z 나브로즈

나브로즈는 봄의 기념하는 명절이다. 페르시아인과 투르크인들에게 나브로즈는 새로운 해의 첫 번째 날이다. *Navro'z*라는 단어는 페르시아어로 '새로운 날'이라는 의미를 지니기 때문이다. 우즈베키스탄에서 나브로즈는 3월 21에 기념한다. 나브로즈가 다가 오기 전, 국민들은 하샤르(Hashar)*에 나서는데, 모두가 함께 거리와 광장을 깨끗하게 청소하고, 들판에는 씨앗을 뿌린다. 나브로즈 명절에 사람들은 서로에게 선물을 주고 인사를 건내며, 다양한 사탕이나 과자를 나눈다. 나브로즈를 대표하는 고유의 음식 — 수말략, 보그르쏙, 할름, 콕 쏨싸 등 —을 직접 만들어 함께 나눈다. 특히, 수말략은 여성들 여럿이 모여 만 하루 동안 만들며, 흥겹게 놀고 웃으며 준비한다.

* Hashar: 우즈베크인들이 가족, 민족, 국가적으로 중요한 일을 함께 모여 힘을 합치는 전통으로, 한국의 '품앗이'와 그 의미와 방식이 매우 유사하다.

O'ZBEKISTONDA NISHONLANADIGAN BAYRAMLAR
우즈베키스탄 명절

1-yanvar	Yangi yil bayrami	새해, 신년, 설날
14-yanvar	Vatan himoyachilari kuni	민족 수호자의 날
8-mart	Xalqaro xotin-qizlar kuni	여성의 날
21-mart	Navro'z bayrami	나브로즈(중앙아시아 새해)
9-may	Xotira va qadrlash kuni	추모의 날
1-sentabr	Mustaqillik kuni	독립 기념일
1-oktabr	Ustozlar va murabbiylar kuni	스승의 날
8-dekabr	Konstitutsiya kuni	제헌절
Ramazon hayiti	Diniy bayram (Islom dini taqvimi bo'yicha nishonlanadi)	라마단(이슬람법에 따른 금식월)
Qurbon hayiti	Diniy bayram (Islom dini taqvimi bo'yicha nishonlanadi)	쿠르반(이슬람법에 따른 희생절)

6-DARS

Vaqt. Kundalik hayot.
시간과 일상생활

Darsning maqsadi (학습목표)

- Vaqtni so'rash va aytish 시각 물어보기와 말하기
- Hafta kunini aniqlash 요일 구분하기
- Kundalik hayoti haqida so'zlab berish 일상생활에 대해 말하기

Kirish savollar (도입 질문)

1. Qaysi kunlari o'zbek tili darsingiz bor? 당신은 어느 요일에 우즈베크어 수업을 듣나요?
2. Odatda soat nechada tushlik qilasiz? 당신은 보통 몇 시에 저녁 식사를 하나요?
3. Hozir O'zbekistonda soat necha? 지금 우즈베키스탄은 몇 시 몇 분인가요?

Yangi so'zlar (새로운 단어)

qilmoq 하다
bo'lmoq 되다
ishlamoq 일하다
o'qimoq 읽다, 공부하다
bilmoq 알다
yashamoq (-da ~) 살다
dam olmoq 휴식하다, 쉬다
gapirmoq 말하다
eshitmoq 듣다
dars qilmoq 공부하다
ovqatlanmoq 식사하다
turmoq 일어서다, 살다
nonushta qilmoq 아침식사를 하다
tushlik qilmoq 점심 식사를 하다

kechki ovqatni yemoq 저녁식사를 하다
ichmoq 마시다
televizor ko'rmoq TV 시청하다
uxlamoq 잠을 자다
futbol o'ynamoq 축구하다
tennis o'ynamoq 테니스를 치다
dars bermoq 수업을 하다
vaqt o'tkazmoq 시간을 보내다
suzmoq 수영하다
sport bilan shug'ullanmoq 운동하다
boshlanmoq 시작하다
tugamoq 끝내다
yetib kelmoq (-ga ~) 도착하다
kiyinmoq (옷을) 입다

qachon 언제
hozir 지금, 잠시만
soat 시각, 시간
minut 분
yarim 반(1/2)
ertalab 아침에
kunduzi 오후에
kechqurun 저녁에
kechasi 밤, 밤에
bugun 오늘
ertaga 내일
indin(ga) 모레(에)

har kuni 매일
har hafta 매주
har doim 매 번, 항상
odatda 보통
ba'zida 가끔
tez-tez 자주
kamdan-kam 드물게
hech qachon 절대로
erta 일찍
kech 늦게
bo'sh vaqt 빈 시간

hafta 주
dushanba 월요일
seshanba 화요일
chorshanba 수요일
payshanba 목요일

juma 금요일
shanba 토요일
yakshanba 일요일
dam olish kunlari 주말
kelasi hafta 다음 주

bank 은행
do'kon 가게
pochta 우체국
kutubxona 도서관
o'qish 공부, 학교
elchixona 대사관

ko'pqavatli uy 고층 건물, 아파트
basseyn 수영장
o'ng tomon 우측, 오른쪽
chap tomon 좌측, 왼쪽
spektakl 연극, 공연

-dan ~로부터
-gacha ~까지
unda 그렇다면

keyin 다음에, ~ 후에
hamma 모든, 모든 사람
lekin 그러나

imtihon 시험
majlis 회의, 모임
dam olish kuni 휴일
bo'sh vaqt 빈 시간

qiyin 어려운
edi ~였다(명사, 형용사 과거형 접사)
maza qilib 재미있게, 즐겁게

Soat necha bo'ldi? 몇 시인가요?
Soat nechada? 몇 시에요?

Yo'g'-e? 설마, 정말?

nonushtaga non yemoq 아침 식사로 빵을 먹다.

Grammatika (문법)

의문사 *qaysi*를 활용한 요일 묻기

*qaysi*는 '어떤', '어떠한' 또는 '어떤 것'의 뜻을 가지는 의문사이다. 때로는 명사 앞에서 형용사처럼, 때로는 단독으로 명사로 활용된다. 예를 들어 보자.

예 *Bugun qaysi kun? – Bugun seshanba.*

위 예문에서 *qaysi*는 뒤에 오는 명사 *kun*을 수식해 주는 의문사로, '요일'을 물을 때 사용한다. 지난 과에서 배운 '오늘은 며칠입니까?'를 물어볼 때와의 표현과 구분하자.
'오늘은 며칠입니까?'는 *Bugun qaysi sana?* 또는 *Bugun nechanchi sana?*로 표현한다.

예 *Bugun yigirma ikkinchi mart. (Bugun 22-mart.)*

A: Bugun qaysi kun?	A: 오늘은 무슨 요일이에요?
B: Bugun dushanba.	B: 오늘은 월요일이에요.
A: Ertaga qaysi kun (*bo'ladi*)?	A: 내일은 무슨 요일이에요?
B: Ertaga seshanba (*bo'ladi*).	B: 내일은 화요일이에요.
A: Kecha qaysi kun *edi*?	A: 어제는 무슨 요일이었어요?
B: Kecha yakshanba *edi*.	B: 어제는 일요일이었어요.

A: Imtihon *qachon* (qaysi kuni)?	A: 시험이 언제 있어요?(무슨 요일에 있어요?)
B: Seshanba *kuni*.	B: 화요일이에요.

1-Izoh

한국어와는 달리 우즈베크어에서는 날짜, 층 등은 '서수'로 표현해야 한다. 즉, 우즈베크어는 '몇 번째 일(日)', '몇 번째 층(層)'으로 표현함을 잊지 말자.

시간을 물어볼 때 쓰는 *necha*

necha 의문사는 시간을 물어볼 때 쓸 수 있다. 그런데 *necha*가 시간을 의미하는 명사(*soat, kun, hafta, oy, minut* 등) 앞에 오느냐, 뒤에 오느냐에 따라 의미가 달라진다. 예를 들어, *Hozir soat necha bo'ldi?*는 '지금 몇 시인가요?'라는 뜻이지만, *Sizga necha soat(yoki kun/hafta) kerak?*은 '당신에게 얼만큼의 시간(또는 일/주)이 필요한가요?'라는 뜻이다.

단, 두 번째 표현에서 언급하는 시간 단위가 셀 수 있을 경우(*soat, kun, hafta, oy, minut*)는 *necha*를 쓰지만, 만일 *vaqt*와 같이 '많은', '적은'으로 표현되는 시간 단위일 경우 *qancha*로 바꿔 쓸 수도 있다.

A: Hozir soat *necha* bo'ldi?	A: 지금 몇 시입니까?
B: Ikki.	B: 2시입니다.
Ikki yarim.	2시 반이요.
Ikki-*yu* o'n besh.	2시 15분입니다.

1. Dialoglarni o'qing va vaqtning ifodalanishiga e'tibor bering.

대화를 읽고, 시간 표현을 어떻게 하는지 살펴보세요.

1) A: Kechirasiz, soat necha bo'ldi?

B: Ikki.

2) A: Kechirasiz, hozir soat necha bo'ldi?

B: Ikki yarim.

3) A: Kechirasiz, soat necha bo'ldi?

B: Uch-u yigirma.

4) A: Kechirasiz, soat necha bo'ldi?

B: To'rt-u qirq besh.

☑ 동사(*fe'l*) 활용

우즈베크어에서 모든 동사의 원형은 *-moq*로 끝난다. 그리고 바뀌지 않는 동사의 뿌리, 즉 '어간'에 시제, 인칭, 부정, 의문, 법/태, 조건 등의 다양한 접사를 이어 붙여 동사를 변형해준다.

☑ 현재-가까운 미래시제(*Fe'lning hozirgi-kelasi zamon shakli*)

현재-가까운 미래시제는 동사원형에서 *-moq*을 탈락시킨 후, 동사 어간에 다음의 어미를 연결하여 만든다. 반복적으로 발생하는 일, 습관을 표현하기도 하고, 현재에 행하고 있는 일, 또는 가까운 미래까지도 이 시제로 표현할 수 있다.

동사어간이 자음으로 끝나면:
-aman/-asan/-adi/-amiz/-asiz/-adilar
예 *kel-moq* (오다)
kelaman/kelasan/keladi/kelamiz/kelasiz/keladilar

동사어간이 모음으로 끝나면:
-yman/-ysan/-ydi/-ymiz/-ysiz/-ydilar
예 *hayda-moq* (운전하다)
haydayman/haydaysan/haydaydi/haydaymiz/haydaysiz/haydaydilar

부정형은 '동사어간+*ma*(동사의 부정형 접사)'를 붙여서 부정형 동사어간을 만들어 준 후, 같은 방식으로 인칭어미를 붙여준다. 이렇게 되면 동사의 어간이 항상 *-ma* 즉, *a* 모음으로 끝나기 때문에 동사변화는 항상 두 번째 형태로 이루어진다.

예 *kel-ma-moq* (오지 않다)
kelmayman/kelmaysan/kelmaydi/kelmaymiz/kelmaysiz/kelmaydilar

A: (Siz) ishla*ysiz*mi?	A: (당신은) 일합니까?
B: Ha, ishla*yman*.	B: 네, 일합니다.
A: Qayerda ishla*ysiz*?	A: 어디에서 일합니까?
B: Maktabda ishla*yman*.	B: 학교에서 일합니다.

[긍정문]

Kim		**nima qiladi?**	
Men			**man.**
Sen	ishla+	**y+**	**san.**
Siz U	o'qi+		**siz.** **di.**
Biz	bil+		**miz.**
Sizlar	dam ol+	**a+**	**sizlar.**
Ular			**di(lar).**

[의문문]

Men			**man+**	
Sen	ishla+	**y+**	**san+**	
Siz U	o'qi+		**siz+** **di+**	**mi?**
Biz	bil+		**miz+**	
Sizlar	dam ol+	**a+**	**sizlar+**	
Ular			**di(lar)+**	

2. Misollarni o'qing. 예문을 읽으세요.

1) Bu — Feruza opa.
U o'qituvchi.
U maktabda ishlaydi.

2) Bu — Anvar aka.
U muhandis.
U zavodda ishlaydi.

3) Bu — Iroda.
U talaba.
U universitetda o'qiydi.

4) Men Seulda yashayman. Mening ota-onam Pusanda yashaydilar.
5) Iroda ko'p dars qiladi.
6) Siz o'zbekcha gapirasizmi?
7) Konsert soat 6 da boshlanadi.
8) U kamdan-kam kechki ovqatni yeydi.
9) Odatda men shanba kuni kech uxlayman.
10) Odatda mening do'stim yakshanba kuni futbol o'ynaydi.
11) Ertaga yakshanba. Hamma dam oladi, lekin men ishlayman.
12) Bugun kechqurun men televizor ko'raman.
13) Ular har kuni bu kafeda soat 8 da nonushta qiladilar.
14) Dars soat 13.30 da tugaydi.

3. Dialoglarni o'qing. So'roq gaplarning shakliga, javoblarning to'liq va qisqa shakllariga e'tibor bering.

대화를 읽으세요, 의문문의 형태와 2가지 유형(완전문과 단문)의 답문에 주목하세요.

1) A: Siz qayerda yashaysiz?
   B: Men Toshkentda yashayman.
   (Toshkentda.)

2) A: Siz qayerda o'qiysiz?
   B: Men universitetda o'qiyman.
   (Universitetda.)

3) A: Sangmin Pusanda yashaydimi?
   B: Ha, (Pusanda yashaydi).

4) A: Ertaga ham ishlaysizmi?
   B: Yo'q, ertaga dam olish kuni.

5) A: Siz o'qiysizmi yoki ishlaysizmi?
   B: Ishlayman.
   A: Nima ish qilasiz?
   B: Universitetda dars beraman.

A: Siz ishlaysizmi?	A: 당신은 일합니까?
B: Yo'q, men ishla*ma*yman.	B: 아니요. 나는 일하지 않습니다.
Men o'qiyman.	나는 공부합니다.

[부정문]

Kim	nima qilmaydi?		
Men			man.
Sen			san.
Siz			siz.
U	ishla+ o'qi+	ma+y+	di.
Biz			miz.
Sizlar			sizlar.
Ular			di(lar).

4. Misollarni o'qing. 예문을 읽으세요.

1) Mening otam hech qachon nonushta qilmaydi.
2) Mening opam sport bilan shug'ullanmaydi.
3) Ertaga men bu yerda bo'lmayman.
4) Ertaga yakshanba. Men ishlamayman.
5) Siz kitob o'qimaysiz.
6) Biz kunduzi televizor ko'rmaymiz.

시간 물어보기

[soat]

예 *Necha soat kerak? – 2 soat.* 시간이 얼마나 필요해? – 2시간.
Soat necha bo'ldi? – Soat 2. (Soat ikki) 지금 몇 시? – 2시.
Menda 2 ta soat bor. 나에게 시계가 두 개 있다.

2-Izoh

Soat 2 da 2시에

2 ta soat 시계 2개

2 soat 2시간

Menda ikkita soat bor. 나에게 2개의 시계가 있다.(시간의 의미는 전혀 없다.)

Menda ikki soat bor. 나에게 2시간 있다.

Men soat ikkida kelaman. 나는 2시에 온다.

시간 관련 부사

bugun 오늘
kecha 어제
ertaga 내일

ertalab 아침
kunduzi 낮
kechqurun 저녁

위의 단어들은 모두 단어 자체에 시간의 의미를 담고 있다. 문장에서의 역할에 따라 명사 혹은 부사로 기능할 수 있다.

위 단어들이 부사로 역할 할 때는 단독으로 쓰이며, 별도의 시간을 의미하는 격조사(예: *-da*)를 사용하지 않는다.

3-Izoh

시간을 표현하는 단어가 '부사'로 쓰일 경우, 격조사 *-da* 없이 단독으로 사용, 그러나 자체적으로 부사의 의미가 없는 시간 관련 명사의 경우에는 처격이 반드시 와야 한다.

예 *Bugunda imtihon bor.* (X)
Kelasi haftada imtihon bor. (O)

hafta(주-week)는 시간의 한 단위이지만 처격 *-da*와 함께 사용해야 '다음 주에'라는 의미를 부여할 수 있다.

A: Odatda soat necha*da* turasiz?	A: 당신은 보통 몇시에 일어납니까?
B: Soat 7 (lar)*da* turaman.	B: 7시(쯤)에 일어납니다.

Hozir soat necha?	**Qachon?** **Soat nechada?**	**Necha soat?** **Qancha vaqt?**
Hozir soat 1. Hozir soat 5. Hozir soat 12.30. Hozir soat 10.20. Hozir soat 8.45.	Soat 1 (lar)da. Soat 5 (lar)da. Soat 12.30 (lar)da Soat 10-u 20 da. Soat 8-u 45 da.	1 soat 5 soat 12 yarim soat 10 soat 20minut 8 soat 45 minut 15 minut

5. Misollarni oʻqing. 예문을 읽으세요.

1) Men odatda soat 7 larda turaman.
2) Mening otam odatda soat 6 larda turadi.
3) Biz har kuni soat 7.30 larda nonushta qilamiz.
4) Ular har kuni universitetning oshxonasida soat 2 larda tushlik qiladilar.
5) Men odatda soat 11 larda uxlayman.
6) Har kuni 8 soat uxlayman.

☑ *A-dan B-gacha*

'어디에서 시작/출발해서 어디까지', 혹은 '언제부터 언제까지' 등을 말할 때 유용하게 쓰이는 표현이다. A, B 자리에 장소 또는 시간을 넣느냐에 따라 다음과 같이 활용할 수 있다.

[시간 적용]

1시에서 8시까지 → *soat 1 dan soat 8gacha*

[장소 적용]

히바에서 서울까지 → *Xivadan Seulgacha*

A: Soat necha*dan* soat necha*gacha* ishlaysiz?	A: 당신은 몇시부터 몇시까지 근무하십니까?
B: Soat 9 *dan* soat 6 *gacha* ishlayman.	B: 9시부터 6시까지 일합니다.
A: Bank soat necha*dan* soat necha*gacha* ishlaydi?	A: 은행은 몇 시부터 몇 시까지 영업합니까?
B: Soat 9 *dan* soat 4 *gacha* ishlaydi.	B: 9시부터 4시까지입니다.

4-Izoh

의문사 정리

kim 누구, 누가

qachon 언제

qayer 어디

nima 무엇

qaysi 어떤 것, 어떠한

qanday/qanaqa 어떻게, 어떠한

nega/nimaga 왜

6. Misollarni oʻqing. 예문을 읽으세요.

1) Men har kuni soat 9.30 dan soat 3 gacha universitetda oʻqiyman.
2) Siz soat nechadan soat nechagacha dars qilasiz?
3) Mening doʻstim odatda soat 12 dan soat 5 gacha uxlaydi. U har kuni erta turadi.
4) Bu muzey soat 10 dan soat 7 gacha ishlaydi.

"A" mashqlar guruhi (연습문제 A) 

1. Rasmlarga qarang va soat necha bo'lganini ayting. 그림을 보고 몇 시인지 말하세요.

Namuna

→ *Soat bir.*

1)

2)

3)

4)

1) →

2) →

3) →

4) →

2. Bo'sh joylarga mos keladigan javobni qo'ying.

빈 칸에 알맞은 대답 혹은 질문을 넣으세요.

A: Bugun qaysi kun?

B: Chorshanba.

A: Ertaga qaysi kun bo'ladi?

B: 1) ____________________

A: Kecha qaysi kun edi?

B: 2) ____________________

3. Namunaga qarab bajaring. 예문처럼 완성하세요.

Namuna

3-1. *bugun* → *Bugun qaysi kun?*
– *Bugun seshanba.*

3-2. *imtihon* → *Imtihon qachon?*
– *Payshanba kuni.*

Bugun

dushanba	seshanba	chorshanba	payshanba	juma	shanba	yakshanba
majlis	o'zbek tili darsi		imtihon	dam olish kuni		dam olish kuni

1) ertaga →

2) majlis →

3) o'zbek tili darsi →

4) dam olish kunlari →

4. Berilgan fe'llardan hozirgi-kelasi zamon fe'llarini yasang.
주어진 동사를 현재-미래형으로 인칭에 따라 시제 변화하세요.

dam olmoq, eshitmoq, televizor ko'rmoq, dars qilmoq, o'ynamoq, uxlamoq

5. Fe'llarni zamon va shaxs-sonda to'g'ri qo'llab, gaplarni tugating.
괄호 안 동사를 시제 및 인칭에 맞게 활용하여 문장을 완성하세요.

1) Men Seulda (yashamoq).

→ ______________________

2) U maktabda (o'qimoq).

→ ______________________

3) Biz shifoxonada (ishlamoq).

→ ______________________

4) Ular Samarqandda (yashamoq).

→ ______________________

5) Men odatda erta (turmoq).

→ ______________________

6) Ertaga onam uyda (dam olmoq).

→ ______________________

7) Sizlar bugun kechqurun kitob (o'qimoq)?

→ ______________________

8) Dam olish kunlari nima (qilmoq)?

→ ______

9) Bu yakshanba kuni men do'stlarim bilan futbol (o'ynamoq).

→ ______

6. Berilgan so'zlar ishtirokida gaplar tuzing. 주어진 단어들을 사용하여 문장을 만드세요.

1) Feruza opa (maktab) (ishlamoq).

→ ______

2) Akam — muhandis. U (zavod) (ishlamoq).

→ ______

3) Xolamning qizi hali yosh. U (maktab) (o'qimoq).

→ ______

4) Anvar aka va Feruza opa (Toshkent) (yashamoq).

→ ______

7. Namunaga qarab bajaring. 예문처럼 완성하세요.

Namuna

men/ertaga → Men ertaga ishlayman.

1) 2) 3) 4)

1) men/ertaga →

2) Sangmin/har kuni kechqurun →

3) Feruza opa/bugun kechqurun →

4) siz/har kuni →

8. Namunaga qarang va fe'llarning bo'lishsiz shakllaridan foydalanib, gaplarni to'ldiring. 예문을 보고, 문장의 빈 곳을 동사를 활용하여 채우세요.

Namuna

Hasan aka firmada ishlaydi. U haydovchi. Lekin uning rafiqasi firmada ____________ U uyda bolalarga qaraydi. U uy bekasi.

→ Hasan aka firmada ishlaydi. U haydovchi. Lekin uning rafiqasi firmada ishlamaydi. U uyda bolalarga qaraydi. U uy bekasi.

1) Odatda Iroda kechqurun kitob o'qiydi. Lekin uning ukasi Bobur kitob ____________, u televizor ko'radi.
2) Gulnora Toshkentda yashaydi. Lekin Dildora Toshkentda ____________, u Samarqandda yashaydi.
3) Odatda men ertalab qahva ichaman. Lekin dugonam ertalab qahva ____________, choy ichadi.
4) Odatda Feruza opa kunduzi televizor ko'radi. Lekin Ozoda opa kunduzi televizor ____________, u musiqa eshitadi.

9. Namunaga qarab bajaring. 예문처럼 완성하세요.

Namuna

9-1. *Bugun o'qiysizmi? (ha)* → *Ha, o'qiyman.*
9-2. *Ertaga o'qiysizmi? (yo'q)* → *Yo'q, o'qimayman.*

1) Indinga o'qiysizmi? (yo'q) → ____________
2) Juma kuni ishlaysizmi? (ha) → ____________
3) Bugun kechqurun futbol o'ynaysizmi? (ha) → ____________
4) Har kuni qahva ichasizmi? (yo'q) → ____________

10. Namunaga qarab bajaring. 예문처럼 완성하세요.

Namuna

har kuni ertalab → *Har kuni ertalab soat nechada turasiz?*
– Soat 7 larda turaman.

7.00

1) *11.00*

2) *6.30*

3) *12.00*

4) *11.00*

1) odatda →

2) ertaga →

3) bugun kechqurun →

4) shanba kuni →

11. Namunaga qarab bajaring. 예문처럼 완성하세요.

Namuna

bank (9.00~4.00) → Bank soat nechadan nechagacha ishlaydi?
– Soat 9 dan soat 3 gacha ishlaydi.

1) pochta (9.00~6.00) → ______

2) kutubxona (9.00~7.00) → ______

3) doʻkon (8.00~10.00) → ______

4) elchixona (9.30~6.00) → ______

12. Namunaga qarab bajaring. 예문처럼 완성하세요.

Namuna

har kuni/oʻqimoq (9.30~5.30) → Har kuni soat nechadan soat nechagacha oʻqiysiz?
– Soat 9.30 dan soat 5.30 gacha oʻqiyman.

1) har kuni/ishlamoq (9.00~6.00) → ______

2) odatda/tushlik qilmoq (1.00~2.00) → ______

3) shanba kuni/ishlamoq (9.00~12.00) → ______

4) odatda/uxlamoq (11.00~7.00) → ______

"B" mashqlar guruhi (연습문제 B)

1. Dialogni do'stingiz bilan mashq qiling. 친구와 함께 대화를 연습하세요.

A: Allo. Assalomu alaykum.

B: Vaalaykum assalom.

A: Temuriylar tarixi muzeyimi?

B: Ha, Temuriylar tarixi muzeyi.

A: Soat nechadan soat nechagacha ishlaysizlar?

B: Soat 10 dan soat 6 gacha.

A: Dushanba kuni ham ishlaysizlarmi?

B: Yo'q, dushanba — dam olish kuni.

1) Temuriylar muzeyi	2) pochta	3) kutubxona
10.00~6.00	9.00~5.00	9.00~8.00
dushanba	shanba va yakshanba	shanba

2. Dialogni do'stingiz bilan mashq qiling. 친구와 함께 대화를 연습하세요.

A: Har kuni soat 12 largacha dars qilaman.

B: Yo'g'-e? Soat nechada uxlaysiz?

A: Soat 1 larda uxlayman.

B: Voy. Qiyin ekan.

1) 11.00	2) 1.30	3) 2.00
12.30	2.00	2.30

3. Savollarga javob bering. 질문에 답하세요.

1) Bo'sh vaqtingizni qanday o'tkazasiz?
2) Kunduzi qayerlarda bo'lasiz?
3) Yakshanba kuni qayerlarga borasiz?
4) Odatda dam olish kunlari nima qilasiz?

4. Dialogni do'stingiz bilan mashq qiling. 친구와 함께 대화를 연습하세요.

A: Sangmin, ertaga kechqurun nima qilasiz?
B: Stadionda sport bilan shug'ullanaman. Keyin restoranda ovqatlanaman.

1) ertaga kunduzi
kutubxonada dars qilmoq/uyda dam olmoq

2) juma kuni
universitetda dars bermoq/tennis o'ynamoq

3) indinga
basseynda suzmoq/uyda televizor ko'rmoq

5. Dialogni o'qing va do'stlaringiz bilan o'xshash dialoglar tuzing.

대화를 읽고 친구들과 함께 비슷한 대화를 만드세요.

A: Iroda! Salom!

B: Chisu! Salom! Yaxshimisiz?

A: Ha, rahmat, yaxshiman. O'zingiz-chi?

B: Men ham yaxshiman. Xudoga shukr.

A: Shu yerda yashaysizmi?

B: Yo'q, bu yerda mening dugonam yashaydi. O'zingiz-chi?

A: Men shu yerda o'qiyman. O'ng tomonda — bu uylar, chap tomonda esa mening universitetim. Dugonangiz qayerda yashaydi?

B: Anavi 12-uyda.

A: Dugonangiz ham koreyalikmi?

B: Yo'q, xitoylik. Bugun uning tug'ilgan kuni.

A: Tushunarli. Unga salom ayting!

B: Rahmat. Ko'rishguncha.

Audiomashqlar (듣기 활동)

1. Tinglang va savollarga javob bering. 잘 듣고 질문에 답하세요.

1) ______________________________

2) ______________________________

3) ______________________________

4) ______________________________

5) ______________________________

2. Tinglang va toʻgʻri javobga O belgisini, notoʻgʻri javobga X belgisini qoʻying.
잘 듣고 정답에 O 표시를, 오답에 X 표시를 하세요.

1) (　　)　　2) (　　)　　3) (　　)

3. Dialoglarni tinglang va ismlarni rasmlar bilan tutashtiring.

대화를 잘 듣고, 해당 인물(이름)을 묘사하는 사진을 연결하세요.

1) Sara

2) Lola

3) Anna

4) Sumiko

a.

b.

c.

d.

e.

O'qish (읽기 활동) 

1. E'lonni o'qing va savollarga javob bering. 공지를 읽고 질문에 답하세요.

E'LON

22-may kuni soat 18.00 da Xamza teatrida "Oltin devor" spektakli bo'ladi.
Chipta: 15.000 so'm.
Spektaklga marhamat!

1) Spcktakl qachon bo'ladi?
2) Spektakl qayerda bo'ladi?
3) Qanday spektakl bo'ladi?
4) Spektaklga chipta necha pul turadi?

2. Matnni o'qing. Berilgan gap to'g'ri bo'lsa, O belgisini, noto'g'ri bo'lsa, X belgisini qo'ying. 지문을 읽고, 주어진 문장이 옳으면 O 표시를, 틀리면 X 표시를 하세요.

Men har kuni soat 7 larda turaman. Nonushtaga har doim bitta tuxum va non yeyman. Keyin mashinamda ishga boraman. Ishga soat 8.45 larda yetib kelaman. Men har kuni soat 6 gacha ishlayman. Soat 12 dan soat 1 gacha oshxonada tushlik qilaman. Men kechki ovqatni yemayman. Men uyda maza qilib dam olaman: televizor ko'raman, gazeta o'qiyman, musiqa eshitaman. Soat 11 larda uxlayman. Shanba kuni men soat 1 gacha ishlayman. Yakshanba — dam olish kuni. Yakshanba kuni ertalab men tennis o'ynayman. Kunduzi kutubxonada kitob o'qiyman. Yakshanba kuni kechqurun odatda kinoteatrda kino ko'raman.

1) U har kuni non yeydi. (   )
2) U har kuni soat 7.30 da turadi. (   )
3) U tushlik qilmaydi. (   )
4) U kechqurun gazeta o'qiydi. (   )
5) U shanba kuni ishlamaydi. (   )

KUN TARTIBI 일과

uyg‘onmoq
일어나다, 잠에서 깨다

turmoq
일어서다

yuvinmoq
씻다

ovqat pishirmoq
요리하다

uyga qaytmoq
귀가하다

tushlik qilmoq
점심 식사를 하다

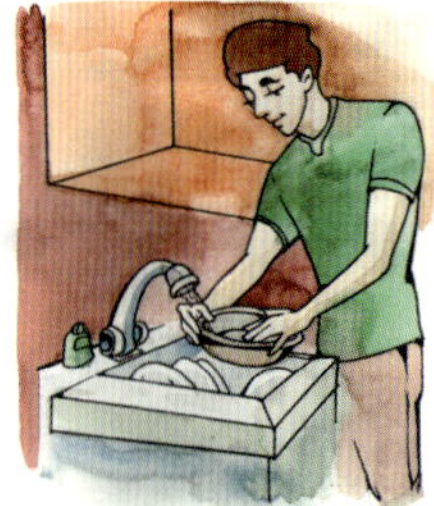

idish yuvmoq
설거지하다

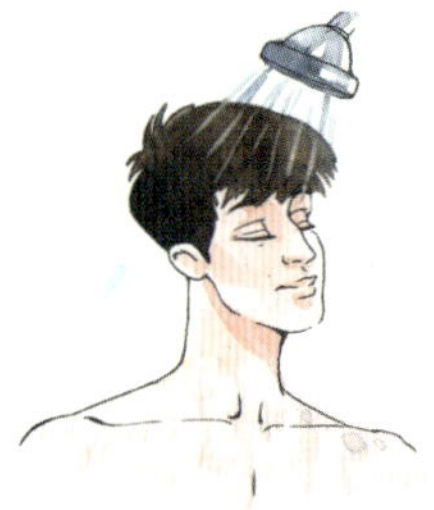

dush qabul qilmoq
샤워하다

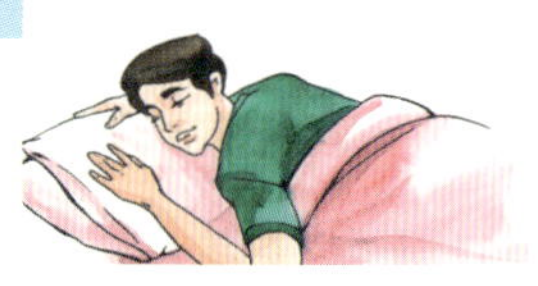

uxlamoq
자다

kiyinmoq
옷을 입다

uydan chiqib ketmoq
집에서 나가다

avtobusga chiqmoq
버스에 타다

telefon qilmoq
통화하다

ishlamoq
일하다

ishga kelmoq
출근하다

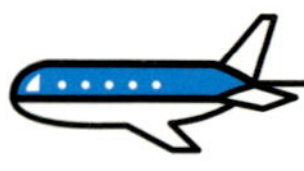

MEMO

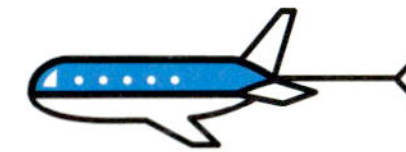

7-DARS

Kecha nima qildingiz?
당신은 어제 무엇을 했나요?

Darsning maqsadi (학습목표)

- Bajarilgan ish-harakatni ifodalash 과거 수행한 일/행동 표현하기

Kirish savollar (도입 질문)

1. O'tgan yakshanba kuni nima qildingiz? 당신은 지난 일요일에 한 일은 무엇인가요?
2. Kecha ertalab havo qanday edi? 어제 아침의 날씨는 어땠나요?
3. O'tgan hafta qilishingiz kerak bo'lgan, lekin qila olmagan ishingiz bormi? 당신이 지난주에 해야 했지만 하지 못한 일이 있었나요?

Yangi so‘zlar (새로운 단어)

o‘rganmoq (-ni ~) 배우다
uy vazifasini qilmoq 숙제하다
sayr qilmoq 산책하다
yozmoq 쓰다
musiqa eshitmoq 음악을 듣다
uchrashmoq (bilan ~) 만나다
kino ko‘rmoq 영화를 보다

bermoq (-ga ~) 주다
uy tozalamoq 집 청소하다
kir yuvmoq 빨래하다
tog‘ga chiqmoq 등산하다
tanishmoq (bilan ~) ~와 알게되다
telefon qilmoq (-ga~) (~에게) 전화를 하다

kecha 어제
o‘tgan kuni 엊그제
oldin ~ 전에
ilgari 예전에
1 soat oldin 1시간 전에
bu hafta 이번 주
bu oy 이번 달

bu yil 올해
o‘tgan hafta 지난 주
o‘tgan oy 저번 달
o‘tgan yili 작년
kelasi hafta 다음 주
kelasi oy 다음 달
kelasi yil 내년

havo (= ob-havo) 날씨
sovg‘a 선물
kino (= film) 영화

tog‘ 산
palov (= osh) 우즈베크식 필라프

yomon 나쁜
sovuq 추운
bulutli 구름 낀, 흐린
chiroyli 예쁜

band 바쁜
qiziqarli 흥미로운
mazali 맛있는
kasal 아픈

Zo‘r-ku! 최고에요!
Dam olish kunlarini yaxshi o‘tkazdingizmi? 휴일 잘 보내셨나요?
Dam olish kunlarini yaxshi o‘tkazing! 휴일 잘 보내세요!

Do‘stimga sovg‘a berdim. 내 친구에게 선물을 줬다.

-dan imtihon (~과목) 시험

Grammatika (문법)

명사/형용사로 구성된 서술어의 과거 표현

우리는 앞서 서술어가 명사, 형용사로 구성된 문장들을 배웠다.

예 *Biz talabamiz.*
Siz shifokorsiz.
U chiroyli.
Bugun payshanbami?
Siz xursand emasmisiz?

위의 문장들의 시제는 모두 현재 시제이다. 이제 시제를 과거로 만들어 보면,

예 *Biz talabamiz.* → *Biz talaba edik.*
Siz shifokorsiz. → *Siz shiforkor edingiz.*
U chiroyli. → *U chiroyli edi.*
Bugun payshanbami? → *Kecha payshanba edimi?*
Siz xursand emasmisiz? → *Siz xursand emas edingizmi?*

과거형을 보면 서술어에 반복적으로 나타나는 어미 *edi*가 눈에 보일 것이다. 즉, 명사/형용사 서술어의 '과거형 어미'가 바로 *edi*이다.

긍정형: 명사/형용사 *edi*+인칭어미
부정형: 명사/형용사 *emas edi+*인칭어미

Bugun juma. Kecha payshanba *edi*.	오늘은 금요일이다. 어제는 목요일이었다.
Bugun havo yomon. Kecha havo yaxshi *edi*.	오늘은 날씨가 나쁘다. 어제는 날씨가 좋았었다.

Kim	kim/qanday		edi?
Men			m.
Sen			ng.
Siz	talaba	edi+	ngiz.
U	kasal		.
Biz			k.
Sizlar			ngiz (= laring).
Ular			(lar).

1. O'qing. Ajratib ko'rsatilgan birliklarga qarang va zamon shakllarining qo'llanishiga e'tibor bering. 문장을 읽으세요. 문장에서 붉은 표시가 된 각각의 시제에 유의하세요.

1) Men talaba**man**.	1) Oldin men talaba **edim**.
2) Sen o'quvchi**san**.	2) Oldin sen o'quvchi **eding**.
3) Siz shifokor**siz**.	3) Oldin siz shifokor **edingiz**.
4) U o'qituvchi.	4) Oldin u o'qituvchi **edi**.
5) Biz bola**miz**.	5) Oldin biz bola **edik**.
6) Sizlar hamshira**sizlar**.	6) Ilgari sizlar hamshira **edilaring**.
7) Ular chiroyli.	7) Ilgari ular chiroyli **edilar**.
8) Bugun o'zbek tilidan imtihonim **bor**.	8) Kecha tarixdan imtihonim bor **edi**.

☑ 동사의 단순과거 시제(*Fe'lning aniq o'tgan zamon shakli*)

동사어간에 과거형 어미 *-di*를 첨가하여 과거 시제를 표현해 준 후, 인칭 어미를 위치한다. 부정형은 과거형 어미 앞에 *-ma-*를 위치하여, *-ma – di –* 인칭어미 형태가 된다.

긍정형: 동사어간+*di*+인칭어미
부정형: 동사어간+*ma*+*di*+인칭어미

A: Kecha nima qil*di*ngiz?	A: (당신은) 어제 무엇을 했나요?
B: Kitob o'qi*di*m.	B: (나는) 책을 읽었습니다.
A: Kecha sport bilan shug'ullan*di*ngizmi?	A: (당신은) 어제 운동했습니까?
B: Ha, kecha sport bilan shug'ullan*di*m.	B: 네, 어제 나는 운동했습니다.
(Yo'q), kecha sport bilan shug'ullan*madi*m.	(아니요), 어제 운동하지 않았습니다.

[긍정문]

	Kim		nima qildi?	
Kecha	men sen siz u biz sizlar ular	ishla+ kitob o'qi+ telefon qil+	di+	m. ng. ngiz. . k. ngiz(= laring). (lar).

2. Misollarni o'qing. 예문을 읽으세요.

1) Kecha men stadionda futbol o'ynadim.
2) Siz o'tgan yakshanba kuni nima qildingiz?
3) Mening otam o'tgan kuni basseynda suzdi.
4) Sizning akangiz kecha kechqurun nima qildi?
5) Kecha qayerda tushlik qildingiz?

[의문문]

Kecha	men sen siz u biz sizlar ular	ishla+ kitob o'qi+ telefon qil+	di+	m+ ng+ ngiz+ + k+ ngiz(= laring)+ (lar)+	mi?

3. Misollarni o'qing. 예문을 읽으세요.

1) Kecha televizor ko'rdingizmi?
2) Do'stingiz sizga telefon qildimi?
3) O'tgan shanba kuni do'stlaringiz bilan uchrashdingizmi?
4) Ota-onangiz o'tgan hafta tog'ga chiqdilarmi?

[부정문]

	Kim		nima qilmadi?		
Kecha	men sen siz u biz sizlar ular	ishla+ kitob o'qi+ telefon qil+	ma+	di+	m. ng. ngiz. k. ngiz(= laring). (lar)

4. Misollarni o‘qing. 예문을 읽으세요.

1) Bugun ertalab men nonushta qilmadim.
2) U menga kitobini bermadi.
3) Siz kecha menga telefon qilmadingiz.
4) O‘tgan hafta biz sport bilan shug‘ullanmadik.

1-Izoh

동사의 시제 어미 정리

현재-가까운 미래시제 어미 (1형)

-(a)man, -(a)san, -(a)di, -(a)miz, -(a)sizlar, -(a)dilar.

과거시제 어미 (2형)

-dim, -ding, -di, -dik, -dingiz, -dilar.

"A" mashqlar guruhi (연습문제 A) 

1. Namunaga qarab bajaring. 예문처럼 완성하세요.

Namuna

Men o'quvchiman. → Men o'quvchi edim.

1) U quruvchi. → ____________

2) Chisu — hamshira. → ____________

3) Biz talabamiz. → ____________

4) Siz ishchisiz. → ____________

5) Men uydaman. → ____________

6) Bobur maktabda. → ____________

7) Iroda universitetdami? → ____________

8) Biz teatrdamiz. → ____________

9) Siz kasalmisiz? → ____________

10) U chiroyli. → ____________

2. Bo'sh joylarga fe'lning aniq o'tgan zamon shaklini qo'yib, gaplarni to'ldiring.
빈칸에 과거 시제를 사용하여 문장을 채우세요.

Namuna

Ilgari mening dadam o'qituvchi ____ .
→ Ilgari mening dadam o'qituvchi edi.

1) Oldin men hamshira ____ .

2) Kecha u maktabda ____ .

3) O'tgan hafta singlim kasal ____ .

4) Kecha biz soat 6 da teatrda ____ .

5) Hozir mening ukam uyda. Bir soat oldin u maktabda ____ .

6) Bugun men uydaman. Kecha men ishda ____ .

7) Kecha qayerda ____ ?

3. Namunaga qarab bajaring. 예문처럼 완성하세요.

Namuna

kecha/havo/bulutli → Kecha havo bulutli edi.

1) o'tgan hafta/men/band → ____

2) imtihon/qiyin → ____

3) konsert/uncha/qiziqarli → ____

4) kecha/havo/uncha/sovuq → ____

4. Namunaga qarab bajaring. 예문처럼 완성하세요.

Namuna

o'qimoq → o'qidim, o'qiding, o'qidingiz, o'qidi, o'qidik, o'qidingiz, o'qidi(lar)

1) ichmoq → ______________________

2) yemoq → ______________________

3) kitob o'qimoq → ______________________

4) o'rganmoq → ______________________

5) uchrashmoq → ______________________

5. Kecha nima qildingiz? Rasmlardan foydalanib, javob bering.
당신은 어제 무엇을 했나요? 그림을 활용하여 대답하세요.

1) 2) 3) 4) 5) 6)

6. Namunaga qarang va suhbatdoshingiz qilgan ishni siz ham qilganligingizni ayting. 예문과 같이 대화 상대가 했던 일을 당신도 했는지 말해보세요.

Namuna

Kecha men uyda dam oldim. →	*Men ham uyda dam oldim.* *yoki:* *Men ham.*

1) Oʻtgan yili men Taylandda dam oldim.

→ ________________________________

2) Seshanba kuni men qiziqarli film koʻrdim.

→ ________________________________

3) Kecha kechqurun men palov yedim.

→ ________________________________

4) Yakshanba kuni men futbol oʻynadim.

→ ________________________________

5) Oʻtgan shanba kuni doʻstlarim bilan uchrashdim.

→ ________________________________

7. Namunaga qarang va suhbatdoshingiz qilgan ishni emas, boshqa ishni qilganingizni ayting. 예문과 같이 대화 상대가 한 일이 아닌 다른 일을 했다고 말해보세요.

Namuna

Ertalab men gazeta oʻqidim.
→ Men (esa) gazeta oʻqimadim, televizor koʻrdim.

1) Kechqurun men televizor koʻrdim.

→ ______________________________

2) Ertalab men jurnal oʻqidim.

→ ______________________________

3) Kechqurun men musiqa eshitdim.

→ ______________________________

4) Kecha men dam oldim.

→ ______________________________

5) Ertalab men fransuzcha gazeta oʻqidim.

→ ______________________________

6) Kunduzi men bogʻda sayr qildim.

→ ______________________________

7) Yakshanba kuni men tennis oʻynadim.

→ ______________________________

8. Namunaga qarab bajaring. 예문처럼 완성하세요.

Namuna

men → *Kecha men sayr qildim.*

1) 2) 3) 4)

1) siz → ______________________

2) biz → ______________________

3) Sangmin → ______________________

4) Chisu va Feruza opa → ______________________

9. Namunaga qarab bajaring. 예문처럼 완성하세요.

Namuna

kecha → *Kecha nima qildingiz?*
– Futbol o'ynadim.

1)  2)  3)  4)

palov

1) kecha kechqurun → ______________________

2) ertaga → ______________________

3) bugun ertalab → ______________________

4) har payshanba kuni → ______________________

10. Namunaga qarab bajaring. 예문처럼 완성하세요.

Namuna

kecha kechqurun → *Kecha kechqurun nima qildingiz?*
– Uyda dars qildim. Keyin televizor koʻrdim.

1) 2)

3)

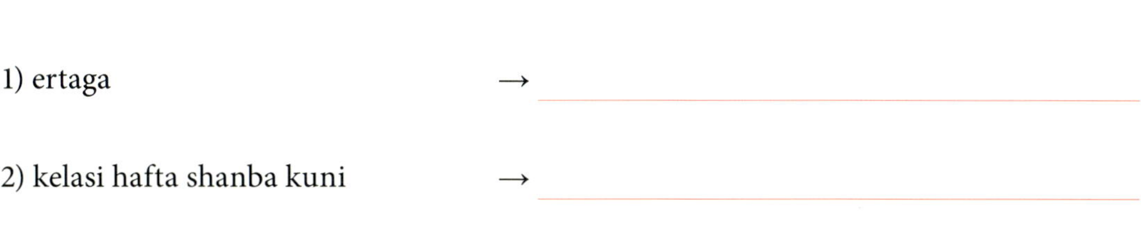

1) ertaga → ______________________

2) kelasi hafta shanba kuni → ______________________

3) oʻtgan yakshanba kuni → ______________________

"B" mashqlar guruhi (연습문제 B)

1. Dialogni doʻstingiz bilan mashq qiling. 친구와 함께 대화를 연습하세요.

A: Oʻtgan yakshanba kuni nima qildingiz?

B: Kitob oʻqidim. Keyin televizor koʻrdim.
Siz-chi?

A: Men kursdoshlarim bilan futbol oʻynadim.

B: Futbol?! Zoʻr-ku!

1) kitob oʻqimoq
televizor koʻrmoq

2) oʻzbek tilini oʻrganmoq
doʻsti bilan uchrashmoq

3) uy vazifasini qilmoq
tennis oʻynamoq

Audiomashqlar (듣기 활동) 

1. Tinglang va to'g'ri javobga O belgisini, noto'g'ri javobga X belgisini qo'ying.
잘 듣고 정답에 O 표시를, 오답에 X 표시를 하세요.

1) (　　　)　　　　2) (　　　)　　　　3) (　　　)

2. Dialoglarni tinglang va to'g'ri javobni belgilang. 대화를 듣고 정답을 표시하세요.

1) a. Sara do'sti bilan uchrashdi.
   b. Kino qiziqarli emas.
   c. Ivan kino ko'rdi.

2) a. Shanba kuni Irodaning tug'ilgan kuni edi.
   b. Iroda dugonasiga sovg'a berdi.
   c. Iroda dugonasi bilan kelasi hafta uchrashadi.

3) a. Jon dam olish kunlari uyida dam oladi.
   b. Anna dam olish kunlari dugonalari bilan uchrashadi.
   c. Jon dam olish kunlari uy tozalaydi.

4) a. Kumar kecha koreys milliy taomlarini yedi.
   b. Somsa va palov mazali edi.
   c. Kecha Kumar universitetning oshxonasida ovqatlandi.

O‘qish (읽기 활동)

Matnni o‘qing. Berilgan gap to‘g‘ri bo‘lsa, O belgisini, noto‘g‘ri bo‘lsa, X belgisini qo‘ying. 지문을 읽고, 주어진 문장이 옳으면 O 표시를, 틀리면 X 표시를 하세요.

Kecha shanba edi. Bugun yakshanba. Bugun ertalab erta turdim. Soat 12 da sevgan qizim bilan uchrashdim. Bugun uning tug‘ilgan kuni. Men unga chiroyli gul sovg‘a qildim. Biz birga “O‘zbegim” restoranida tushlik qildik. Biz o‘zbek milliy taomlarini yedik: non, palov, sho‘rva, somsa. Juda mazali edi. Keyin biz “Bahor” kinoteatrida kino ko‘rdik. Bu kino uncha qiziqarli emas edi. Lekin men sevgan qizim bilan yaxshi vaqt o‘tkazdim. Juda xursand edim. Sevgan qizim ham xursand edi. Siz dam olish kunlarini qanday o‘tkazdingiz?

1) Bugun shanba. (　　)
2) Bugun u erta turdi. (　　)
3) Bugun uning tug‘ilgan kuni. (　　)
4) Ular o‘zbek milliy taomlarini yedilar. (　　)
5) Kino qiziqarli edi. (　　)

O‘ZBEK MILLIY TAOMLARI 우즈베키스탄 전통 음식

non

palov (osh)

sho‘rva

lag‘mon

manti

chuchvara

somsa

kabob

do‘lma

NON HAQIDA 우즈베키스탄 전통 빵

'논(non)'(우즈베키스탄 전통 빵)은 우즈베크인들에게 가장 위대한 음식으로 여겨진다. 우즈베크인들은 아주 어린 시절부터 아이들에게 이 빵을 다루는 예절과 소중함을 가르친다.

식사를 준비할 때 관습에 따라 우선 첫 번째로 빵을 놓는다. 빵을 놓은 후 식탁 주변에 둘러앉아 있는 사람 중 가장 나이가 많은 사람이 이 빵을 자른다. 우즈베키스탄에서 빵은 절대로 칼로 자르지 않는다. 반드시 손으로 떼어 내어야 한다. 빵을 땅에 던지거나, 밟는 것은 큰 죄악으로 여겨진다.

우즈베키스탄 각 지방에는 빵을 만드는 고유의 방식이 있다. 세계적으로 유명한 사마르칸트 논(Samarqand nonlari), 코칸드 파티르(Qo'qon patirlari), 오비 논(obi non), 카틀라마 논(qatlama non), 양파 논(piyozli non) , 고기 논(go'shtli non) 등은 그 지역만의 전통 관습에 만들어진다.

Samarqand noni

Qo'qon patiri

qatlama

piyozli non

go'shtli non

8-DARS

Yo'nalish va transport
방향과 교통수단

Darsning maqsadi (학습목표)

• Kim qayerga borganini so'rash va aytish 누가 어디에 갔는지를 물어보고 설명하기
• Kim qayerga kim bilan borganini so'rash va aytish 누가 어디에 누구와 함께 갔는지를 물어보고 설명하기

Kirish savollar (도입 질문)

1. Yozgi ta'tilda qayerga borib dam oldingiz? 당신은 여름에 어느 곳으로 휴가를 갔나요?
2. Koreyadan O'zbekistonga qaysi transport vositasida borish mumkin? 한국에서 우즈베키스탄까지 어떤 교통수단으로 갈 수 있을까요?
3. O'zbekistonga boradigan bo'lsangiz, kim bilan borishni istaysiz? 당신이 우즈베키스탄에 가게 된다면, 누구와 함께 가고 싶나요?

Yangi so'zlar (새로운 단어)

bormoq 가다
kelmoq 오다
ketmoq 가다
qaytmoq 되돌아오다
olib kelmoq 가져 오다

chang'i uchmoq 스키를 타다
yubormoq 보내다
sayr qilmoq 산책하다
mehmonga bormoq 방문하다, 초대받다

avtobus 버스
taksi 택시
metro 지하철
poyezd 기차
samolyot 비행기
kema 배

piyoda 걸어서
bir o'zim 혼자
kun bo'yi 하루 종일
muhim 중요한
zerikarli 지루한
mashhur 유명한

aeroport 공항
yurt 국가, 조국
to'garak 동아리, 서클
raqs to'garagi 춤 동아리

kursdosh 학급친구, 동창
mehmon 손님
soatbay 시간제의, 파트타임의
birga 함께

Samarqand 사마르칸트
Buxoro 부하라
Xiva 히바
Farg'ona 페르가나

Chimyon tog'i 침욘산
O'zbekiston milliy universiteti 우즈베키스탄 국립대학교

hurmatli 존경하는
Rostini aytsam, 사실을 말하자면
shuning uchun 그래서, 그렇기 때문에

Grammatika (문법)

☑ *-ga* 여격

방향을 나타내는 격조사이다. 격조사 중 유일하게 교착되는 단어의 끝에 따라 *-ga, -ka, -qa*의 형태로 변화한다.

[방향]

예 *Men uyimga metroda boraman.* 나는 집에 전철을 타고 간다.

[~에 속한]

예 *teatrga bilet* 연극 *poyezdga bilet* 기차표

1-Izoh

여격이 붙는 단어가 *-k*로 끝나면 *-ka*로 변하고, *-q*로 끝나면 *-qa*로 변한다. 그러나 *-g'*로 끝나는 단어의 경우에는 변화없이 그대로 *-ga*를 사용한다.

예 *Men *Chelekka bordim.*	*Chelek+ka → Chelek-ka*
U bugun bog'ga boradi.	*bog'+ga → bog'-ga* (변화 없음)
Onam kecha qishloqqa ketdilar.	*qishloq+qa → qishloqqa*

나머지는 모두 *-ga*를 붙이면 된다.

* Chelek은 사마르칸트주에 위치한 한 소도시이다.

A: Kecha *qayerga* bordingiz?	A: (당신은) 어제 어디에 갔었습니까?
B: Kutubxona*ga* bordim.	B: (나는) 도서관에 갔었습니다.

1. Misollarni o'qing. 예문을 읽으세요.

1) A: O'tgan hafta qayerga bordingiz?
   B: Samarqandga bordim.

2) A: Shanba kuni qayerga borasiz?
   B: Chimyon tog'iga boraman.

3) A: O'tgan shanba kuni Sangmin qayerga bordi?
   B: U do'stinikiga mehmonga bordi.

4) A: Ertaga qayerga borasizlar?
   B: Do'konga boramiz.

5) A: Yakshanba kuni qayerga bordingiz?
   B: Hech qayerga bormadim.

✓ *-da* 처격

[~에서(장소)]

예 *Men Seulda turaman.* 나는 서울에 삽니다.

[~을 타고(교통수단, 탈 것)]

예 *Men avtobusda kelaman.* 나는 버스 타고 갑니다.

[~으로(도구, 수단)]

예 *Men daftarga ruchkada yozaman.* 나는 공책에 볼펜으로 쓴다.
Televizorda futbol ko'raman. 나는 텔레비전으로 축구를 본다.
"Table" o'zbek tilida nima bo'ladi? "table"은 우즈베크어로 무엇입니까?

2-Izoh

예를 들어 '나는 우즈베크어를 아주 잘한다.', '너는 우즈베크어를 알아?' 등의 표현에서 '우즈베크어로'는 어떻게 말할까?

1) *o'zbekcha*
  > *Men o'zbekcha yaxshi gapiraman.*
  > *Siz o'zbekcha tushunasizmi?*

2) *o'zbek tilida*
  > *Men o'zbek tilida yaxshi gapiraman.*
  > *Siz o'zbek tilini bilasizmi?*

A: Siz universitetga *nimada* borasiz?	A: 당신은 대학교에 무엇을 타고 갑니까?
B: Avtobus*da* boraman.	B: 버스로 갑니다.

2. Misollarni o'qing. 예문을 읽으세요.

1) Men o'qishga metroda boraman.
2) Mening otam ishga mashinada boradi.
3) Mening ukam maktabga avtobusda boradi.
4) Siz Samarqandga nimada borasiz?
5) Kecha men aeroportga taksida bordim.

후치사 *bilan*

보통 명사와 함께 쓰이며, '~과 함께, 같이'라는 뜻을 지닌다.

* 형태: 명사/대명사 *bilan*

예 *Men bilan o'zbek tilini o'rganasizmi?*
Bugun u Chisu bilan keldi.

A: Kecha kinoga kim *bilan* bordingiz?	A: (당신은) 어제 영화관에 누구와 함께 갔었나요?
B: Do'stim *bilan* bordim.	B: 내 친구와 함께 갔었어요.

3. Misollarni o'qing. 예문을 읽으세요.

1) Kecha men dugonam bilan Samarqandga bordim.
2) Ertaga Anvar aka Feruza opa bilan bozorga boradi.
3) Yakshanba kuni Sangmin oilasi bilan O'zbekistonga boradi.
4) Biz o'qituvchimiz bilan muzeyga bordik.

"A" mashqlar guruhi (연습문제 A) 

1. Namunaga qarab bajaring. 예문처럼 완성하세요.

Namuna

men → Do'konga boraman.

1) 2) 3) 4)

1) men →

2) siz →

3) Anvar aka →

4) biz →

2. Namunaga qarab bajaring. 예문처럼 완성하세요.

Namuna

siz/kecha ertalab → *Kecha ertalab qayerga bordingiz?*
– Bankka bordim.

BANK

1) ISPANIYA

2) DOKON

3) XIVA

4)

1) ota-ona/oʻtgan oyda → ______________________

2) sizlar/kecha kechqurun → ______________________

3) Chisu/kelasi hafta → ______________________

4) siz/oʻtgan hafta yakshanba kuni → ______________________

3. Namunaga qarab bajaring. 예문처럼 완성하세요.

Namuna

siz/Samarqand → *(Siz) Samarqandga nimada borasiz?*
– Poyezdda boraman.

1) 2) 3) 4)

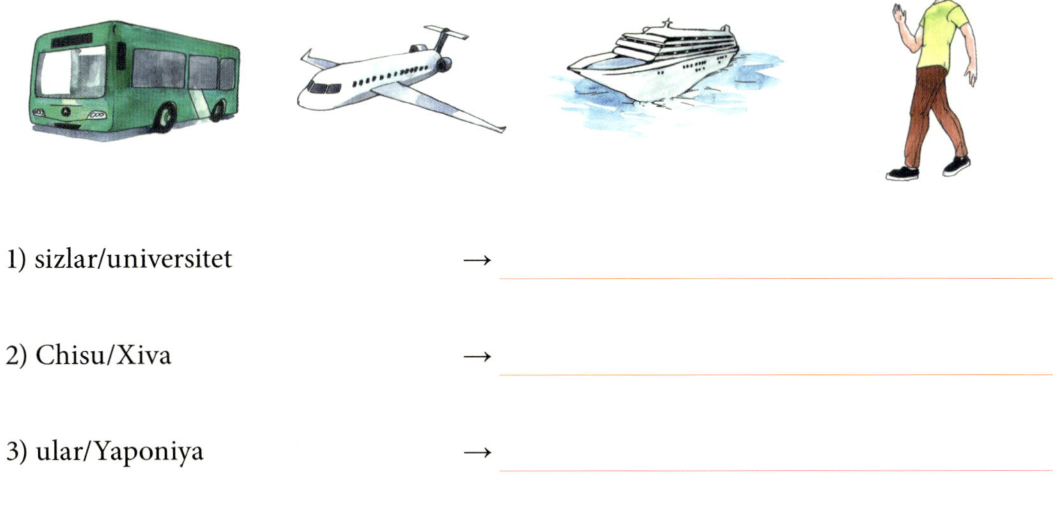

1) sizlar/universitet → ______________________

2) Chisu/Xiva → ______________________

3) ular/Yaponiya → ______________________

4) uka/maktab → ______________________

4. Namunaga qarab bajaring. 예문처럼 완성하세요.

Namuna

siz/Samarqand (dugona) →	*Samarqandga kim bilan bordingiz?* *– Dugonam bilan bordim.*

1) siz/muzey (rafiqa) → ______________________

2) Bobur/doʻkon (opa) → ______________________

3) siz/Chimyon togʻi (kursdoshlar) → ______________________

4) Chisu/Italiya (oila) → ______________________

5. Namunaga qarab bajaring. 예문처럼 완성하세요.

Namuna

5-1. *Samarqand (15-iyun)* →	*Samarqandga qachon borasiz?* *– 15-iyunda boraman.*
5-2. *Toshkent (kelasi hafta)* →	*Toshkentga qachon borasiz?* *– Kelasi hafta(da) boraman.*

1) Oʻzbekiston milliy universiteti (2-sentabr) → ______________________

2) Angliya (kelasi yil fevral oyi) → ______________________

3) Fargʻona (kelasi oy) → ______________________

4) shifoxona (shu hafta juma kuni) → ______________________

6. Namunaga qarab bajaring. 예문처럼 완성하세요.

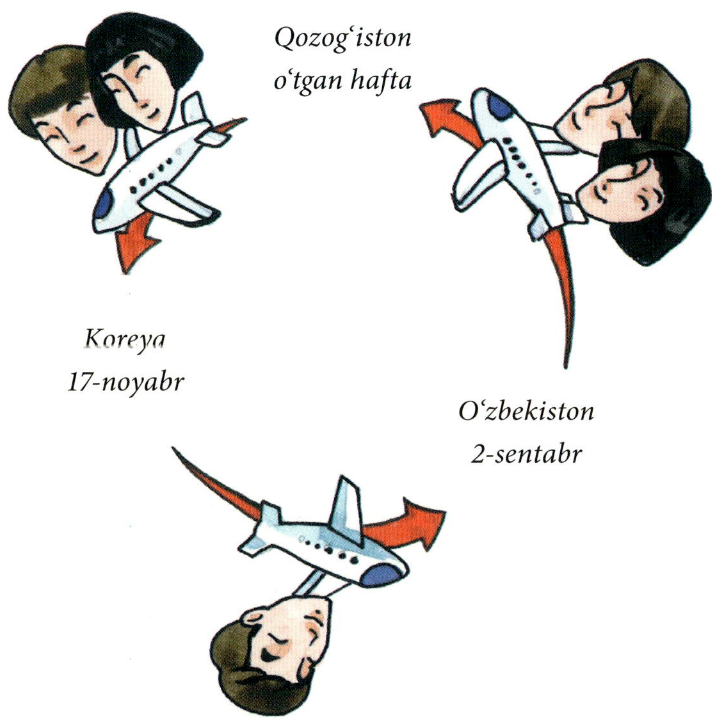

Namuna

O'zbekistonga qachon keldingiz? → 2-sentabrda keldim.

1) O'zbekistonga kim bilan keldingiz?

→ ______________________________

2) O'tgan hafta qayerga bordingiz?

→ ______________________________

3) Qozog'istonga nimada bordingiz?

→ ______________________________

4) Yurtingizga qachon qaytasiz?

→ ______________________________

"B" mashqlar guruhi (연습문제 B)

1. Dialogni do'stingiz bilan mashq qiling. 친구와 함께 대화를 연습하세요.

A: Ertaga dam olish kuni.
B: Ha, to'g'ri. Ertaga nima qilasiz?
A: Chimyon tog'iga boraman. Siz-chi?
B: Hech qayerga bormayman.
Uyda dars qilaman.

1) raqs to'garagi
dam olmoq

2) Temurylar tarixi muzeyi
kitob o'qimoq

3) Chorsu bozori
televizor ko'rmoq

2. Namunaga qarab dialog tuzing. 예문을 보고 대화를 만드세요.

A: O'tgan hafta Xivaga bordim. Sizga sovg'a olib keldim.
B: Voy, katta rahmat. Bir o'zingiz bordingizmi?
A: Yo'q, do'stim bilan bordim.
B: Nimada bordingiz?
A: Poyezdda bordik.

1) Samarqand
opa
poyezd

2) Chimyon tog'i
oila
mashina

3) Yaponiya
sevgan qiz
samolyot

Audiomashqlar (듣기 활동) 

1. Tinglang va savollarga javob bering. 잘 듣고 질문에 답하세요.

1) ______________________________

2) ______________________________

3) ______________________________

4) ______________________________

5) ______________________________

2. Tinglang va toʻgʻri javobga O belgisini, notoʻgʻri javobga X belgisini qoʻying.
잘 듣고 정답에 O 표시를, 오답에 X 표시를 하세요.

1) (   )   2) (   )   3) (   )   4) (   )

O'qish (읽기 활동)

Matnni o'qing va to'g'ri gapni O, noto'g'ri gapni X bilan belgilang.

지문을 읽고 정답에 O 표시를, 오답에 X 표시를 하세요.

Hurmatli do'stim Tom,

Yaxshimisiz? O'qishlaringiz yaxshimi? Men ham yaxshiman.

Kecha men kun bo'yi juda band edim. Shuning uchun sizga xat yubormadim. Ertalab universitetda o'qidim. Kunduzi esa bir muhim uchrashuvim bor edi. Keyin men kafeda soatbay ishladim. Kechqurun Anna bilan "O'zbek milliy taomlari" oshxonasida kechki ovqatni yedik. Keyin birga teatrga bordik. Biz u yerda o'zbek tilida "Oltin devor" spektaklini ko'rdik. Spektakl juda qiziqarli edi. Biz ko'p mashhur aktyor va aktrisalarni ham ko'rdik. Kechqurun itim bilan bog'da sayr qildim. Rostini aytsam, kecha men juda charchadim.

O'zingiz yaxshimisiz? O'zbekistonga qachon kelasiz?

Javobingizni kutaman.

Hurmat bilan,

Jon

1) Kecha Jon kun bo'yi band edi. ( )
2) Ertalab u uyda edi. ( )
3) Kunduzi uning uchrashuvi bor edi. ( )
4) Uning uchrashuvi kafeda edi. ( )
5) Kechqurun u bir o'zi teatrga bordi. ( )
6) Ular o'zbek tilida spektakl ko'rdilar. ( )
7) Spektakl qiziqarli edi. ( )
8) Kechqurun u Anna bilan sayr qildi. ( )

QO'SHIMCHA IFODALAR

TRANSPORT VOSITALARI BILAN BOG'LIQ SO'ZLAR
교통수단과 관련된 단어

mashina 자동차

taksi 택시

avtobus 버스

metro 지하철

poyezd 기차

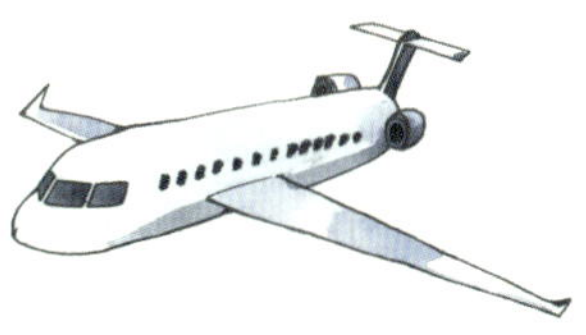

samolyot 비행기

kema 배

velosiped 자전거

mototsikl 오토바이

bekat 역
avtobus bekati 버스 정류장
vokzal 기차역
aeroport 공항
port 항구

chipta (bilet) 표, 티켓
jeton (지하철) 토큰

MEMO

9-DARS

Samarqand – qadimiy shahar.
사마르칸트 – 고대 도시

Darsning maqsadi (학습목표)

- ‘koʻp/oz’ soʻzlarining ishlatilishi ‘많은/적은’ 단어 활용하기
- Narsa yoki shaxsning belgisini ifodalash 사물이나 사람이 어떠한지 표현하기
- Qiyosiy darajani ifodalay bilish 비교급 표현법 배우기
- Orttirma darajani ifodalay bilish 사동사 표현법 배우기

Kirish savollar (도입 질문)

1. Oʻzbeklar eng yaxshi koʻradigan rang qaysi? 우즈베크 민족이 특별히 좋아하는 색이 무엇일까요?
2. Siz eng yaxshi koʻrgan rang qaysi? Yoningizda oʻtirgan doʻstingizniki-chi? 당신이 좋아하는 색은 무엇인가요, 옆 자리에 앉은 친구가 좋아하는 색은 무엇일까요?
3. Bugun kayfiyatingiz qanday? 오늘 당신의 기분은 어떤가요?

Yangi so'zlar (새로운 단어)

yaxshi 좋은
yomon 나쁜
yangi 새로운
eski 낡은, 옛것의
issiq 더운
sovuq 추운
dim 흐릿한, 침침한, 뿌연
katta 큰
kichkina (= kichik) 작은
qimmat 비싼
arzon 싼
qiziqarli 재미있는
zerikarli 지루한
og'ir 무거운
yengil 가벼운
chiroyli 예쁜
xunuk 추한
yosh 젊은
keksa (= qari) 노인, 나이든
semiz 뚱뚱한
ozg'in 마른
boy 부자, 부자의
kambag'al 빈자, 가난한
kuchli 힘이 센
zaif 약한

ko'p 많은

aqlli 똑똑한
xursand 기쁜
xafa 슬픈, 화난
oson 쉬운
qiyin 어려운
uzun 긴
qisqa 짧은
baland 높은
past 낮은
qulay 편한, 편리한
noqulay 불편한
tinch 고요한, 평온한
shovqin 소음
toza 깨끗한
kir (= iflos) 먼지, 진흙, 더러움
tez 빠른, 빠르게
sekin 조용한, 조용히/느린, 천천히
qadimiy 오래된, 고대의
oqko'ngil 마음씨가 좋은, 친절한
shirin 단
yog'li 기름진
band 바쁜
shinam 안락한
dangasa 게으른, 게으름뱅이
pazanda 주방장

kam (= oz) 적은

bino 건물
daraxt 나무
divan 소파
dunyo 세상
fil 코끼리
gul 꽃
guldon 꽃병
mahalla 마을
narsa 것, 사물

ot 명사, 말(馬), 이름
kuchuk 강아지
ovqat 음식
soch 머리카락
teleminora TV타워
turist 여행자
xato 실수
yo'l 길
sharshara 폭포

ovqat pishirmoq 요리하다

sotib olmoq 사다

qanday (= qanaqa) 어떻게
yashashga 생활하는데
dunyodagi 세상의, 세계의
juda 매우
uncha 별로 ~ 않은

bir oz 조금, 잠시
ancha 꽤
taxminan 대략
lekin 그러나

Nima desam ekan? 무슨 말을 해야 할지?
Bu shahar juda chiroyli ekan. 이 도시는 매우 예쁘구나.

"Shum bola" filmi "사악한 아이" 영화

Registon maydoni 레기스탄 광장
Milliy bog' 민족 공원

San'at muzeyi 미술관
Toshkent teleminorasi 타쉬켄트 TV타워

Grammatika (문법)

형용사 *sifat*

사람이나 사물의 상태, 성질, 특성, 존재 등을 설명하며 수식하는 역할을 해서 형용사라 한다. 문장에서는 명사 앞에서 꾸며주는 역할과 문장 주체의 성질, 상태를 나타내는 서술어의 역할을 한다.

품사 자체가 형용사일 수 있고, 명사에 형용사형 접사(*-li, -siz, -gi* 등)를 붙여 형용사를 만들어 줄 수 있다. 다음 예를 보자.

1) 형용사: *eski, chiroyli, semiz, oq, arzon, toza, xursand...*
2) 명사+*-li*: *yog'li, kuchli, tog'li, ko'ngilli, aqlli...*
3) 명사+*-siz*: *yog'siz, kuchsiz, tog'siz, ko'ngilsiz, aqlsiz...*
4) 명사+*-gi*: *qadimgi, hozirgi, bugungi...*

1)의 단어들은 모두 품사 자체가 형용사이다. 2), 3), 4)는 명사에 형용사를 만드는 접사들을 이용하여 형용사화 한 단어들이다. *-li*가 붙으면 "'단어'가 있는"이 되고, *-siz*가 오면 "'단어'가 없는"이 된다. 즉, 서로 반대 뜻을 지니게 된다.

예 *kuch-li* 힘이 있는, 힘센 　　 X *kuch-siz* 힘이 없는, 약한

-gi 역시 '~이 있는'이라는 뜻을 첨가해주는 접사로, 이것이 붙으면 품사는 형용사로 변하게 된다.

예 *qadim-gi* 옛날의, 고대의 　　 *hozir-gi* 지금의, 현재의

ko'p, oz, uncha ~ emas

*ko'p*은 '많은', *oz*는 '적은'이란 뜻으로 형용사(혹은 부사)로 사용 가능하다. *uncha ~ emas*는 '별로/그다지 ~ 하지 않다'이며 ~에는 형용사가 위치한다.

예 Bizning ko'chamizda daraxtlar ko'p. 우리의 거리에는 나무가 많다.

Bizning ko‘chamizda mashinalar oz. 우리의 거리에는 자동차가 적다.

Ko‘chada odamlar ko‘p. 거리에 사람들이 많이 있다.

Bu ko‘chada mashinalar uncha ko‘p emas. 이 거리에는 자동차가 별로[그다지] 많지 않다.

1. Gaplarni o‘qing va *ko‘p, oz* so‘zlarining ishlatilishiga e’tibor bering.

문장들을 잘 읽고 *ko‘p, oz* 단어가 어떻게 쓰이는지 살펴보세요.

1) Mening mahallam juda chiroyli.
Ko‘chalar toza, daraxt va gullar **ko‘p**.

2) Mening mahallam chiroyli emas.
Ko‘chalar kir, daraxt va gullar **oz**.

3) Bizning ko‘chamiz juda shovqin.
Ko‘chamizda har doim mashinalar **juda ko‘p**.

4) Mening mahallam juda tinch.
Mahallamda mashinalar **uncha ko‘p emas**.

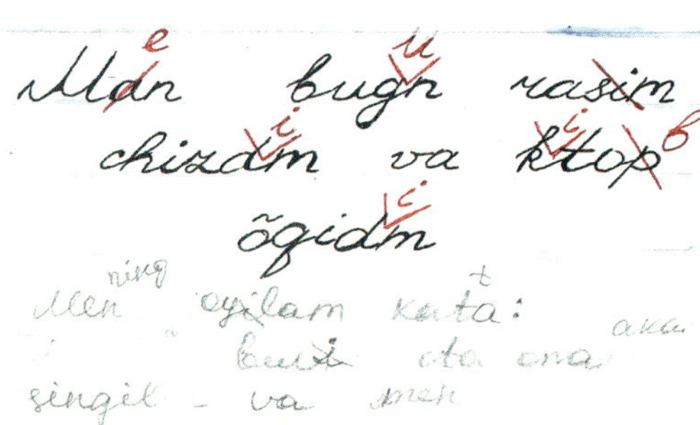

5) Uning xatosi **juda ko‘p**.

의문형용사 *qanday, qanaqa*

'어떻게, 어떤, 어떠한'의 뜻을 가지는 의문사이다.

예 *Bayramni qanday o'tkazdingiz?* 휴일을 어떻게 보내셨나요?
Bugun havo qanday? = Bugun havo qanaqa? 오늘 날씨 어때요?

* *qanday*와 *qanaqa*는 바꿔서 사용해도 의미 상 큰 차이가 없다.
* 감탄사로도 사용할 수 있다. 아래 예를 살펴보자.

예 *Qanday yaxshi!* 얼마나 좋은가!
Qanday chiroyli! 얼마나 아름다운가!
Qanday arzon! 얼미니 저렴한기!

접속사 *va, lekin*

*va*는 문장과 문장, 문장 가운데 두 성분들을 병렬로 이어주며 '와/과', ~(이)고', '그리고' 등의 의미로 사용된다. *lekin*은 '그러나'의 뜻을 가진 접속사이다.

예 *Iroda va Seyun* 이로다와 세윤
Mening singlim chiroyli va oqko'ngil. 나의 여동생은 예쁘고 마음씨가 곱다.
Qo'ng'iroq chalindi va dars boshlandi. 벨이 울리고 수업이 시작됐다.
Mening xonam kichkina, lekin shinam. 나의 방은 작지만 아늑하다.
Men Toshkentga bordim, lekin u bormadi. 나는 타슈켄트에 갔지만 그는 가지 않았다.

3. Misollarni o'qing. 예문을 읽으세요.

Qanday? = Qanaqa?

1) Anvar akaning mashinasi **yangi**.

2) Hasan akaning mashinasi **eski**.

3) Bugun havo **issiq**.

4) Kecha havo **sovuq** edi.

5) Anvar akaning uyi **katta**.

6) Tursunning uyi **kichkina**.

80.000.000 so'm

7) Yangi mashina **qimmat**.

8) O'zbekistonda mevalar **arzon**.

9) Dars **qiziqarli**.

10) Dars **zerikarli**.

11) Bu sumka **og'ir**.

12) Bu sumka **yengil**.

13) Nigora **chiroyli**.

14) Oybodoq **xunuk**.

15) Iroda **yosh**.

16) Nafisa xola **keksa**.

17) Nodir **semiz**.

18) Abror **ozg'in**.

20) Hasan aka **boy**.

21) Tursun **kambag'al**.

22) Sangmin **kuchli**.

23) Abror **zaif**.

24) Sangmin **xafa**.

25) Davron **xursand**.

26) Botir **aqlli**.

27) Munisaning sochi **uzun**.

28) Lazizaning sochi **qisqa**.

✓ 형용사의 원급, 비교급, 최상급

[원급]

형용사의 기본 형태로, 사람/사물의 구체적 특징을 나타낸다.

예 *ko'p, kam, oz, katta, baland, chiroyli, yomon, yaxshi*

[비교급]

다른 사물과 비교(*-dan*)하며, 원급에 *-roq*을 붙여서 만든다. 비교 대상에는 탈격 *-dan*을 첨가한다. 아래 예를 보자.

예 *Toshkent shahri Farg'ona shahridan kattaroq.*
타슈켄트시(市)는 페르가나시(市)보다 조금 더 크다.

* 그런데 *-roq*을 붙이게 되면 비교 대상 간 차이가 크지 않다는 의미가 담겨 있다. 따라서 비교 대상 간 차이가 큰 경우에는 *-roq*을 붙이지 않고 사용한다. 아래 예를 보자.

가) *Uning mashinasi mening mashinamdan (ancha) katta.*
나) *Uning mashinasi mening mashinamdan kattaroq.*

가) 문장에서는 내 자동차와 그의 자동차 간 크기 차이가 크지만, 나) 문장에서는 두 자동차 간 크기 차이가 크지 않다. 크기 차이를 강조하고 싶을 때는 *ancha*(꽤)를 추가할 수 있다.

[최상급]

우즈베크어에서 최상급은 형용사 원급 앞에 *eng*을 붙여주면 된다. '가장', '최고'의 의미를 지닌다.

예 *eng yaxshi → Iroda — eng yaxshi talaba.*
eng katta → Uning sumkasi eng katta.

Toshkent shahri Farg'ona shahri*dan* katta*(roq)*.	타슈켄트시는 페르가나시보다 크다.
Sangmin Seyun*dan* kuchli*(roq)*.	상민은 세윤보다 힘이 세다.

4. Misollarni o'qing. 예문을 읽으세요.

1) Sangmin Seyun**dan** kuchli(roq).

2) Ananas olma**dan** qimmat(roq).

3) Fil ot**dan** katta va kuchli.

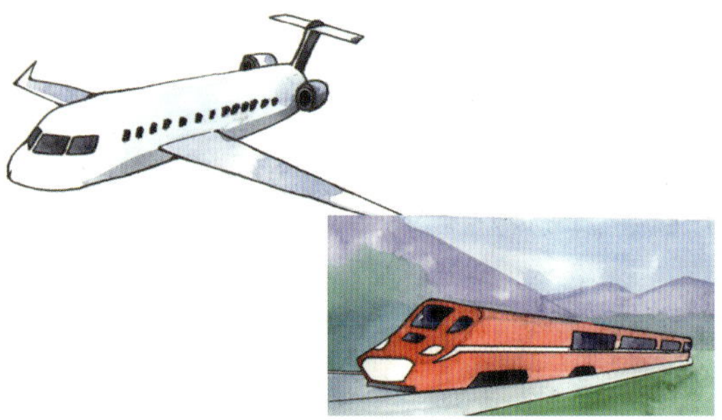

4) Samolyot poyezd**dan** tezroq.

5) Toshkent shahri Farg'ona shahri**dan** katta**(roq)**.
6) O'zbek tili xitoy tili**dan** oson**(roq)**.
7) Anvar akaning uyi Davronning uyi**dan** katta.
8) Anvar aka Feruza opadan katta**(roq)**.
9) Hasan akaning mashinasi Anvar akaning mashinasi**dan** yangi**roq**.

Sangmin — *eng* kuchli sportchi. 상민은 가장 힘이 센 운동선수이다.

5. Misollarni o'qing. 예문을 읽으세요.

1) Sangmin — **eng** kuchli sportchi.
2) Samarqand — O'zbekiston**dagi** eng qadimiy shahar.
3) Nil — dunyodagi eng uzun daryo.
4) Niagara — dunyodagi eng katta sharshara.
5) "Lotte Tower" — Koreyadagi eng baland bino.

"A" mashqlar guruhi (연습문제 A)

1. Rasmlarga qarang va nima ko'p, nima ozligini ayting.

그림을 보고 어떤 것이 많고, 어떤 것이 적은지 말하세요.

Namuna

bog'/bolalar

Bog'da bolalar ko'p.

1) tog'/daraxtlar

2) daryo/suv

3) u/do'stlar

4) avtobus/odamlar

5) ko'cha/do'kon

6) guldon/gular

7) yo'l/mashina

8) men/pul

2. Namunaga qarab bajaring. 예문처럼 완성하세요.

Namuna

Iroda (chiroyli) → Iroda chiroyli.

1) Jon (aqlli)

2) men (xursand)

3) osh (shirin)

4) Seyun (oqko'ngil)

1) ______

2) ______

3) ______

4) ______

3. Quyidagi sifatlarni antonimlari bilan almashtiring va namunadagidek bajaring. 아래의 문장에서 사용된 형용사의 반대말을 찾아 예문처럼 완성하세요.

Namuna

Bu — katta xona. → Bu xona katta emas. Bu xona kichkina.

1) Bu — katta shahar. → ____________________

2) Bu — eski kino. → ____________________

3) Bu — oson matn. → ____________________

4) Bu — qiyin mashq. → ____________________

5) Bu — yaxshi mashina. → ____________________

6) Bu — yangi jurnal. → ____________________

7) Bu — arzon ruchka. → ____________________

4. Namunaga qarab bajaring. 예문처럼 완성하세요.

Namuna

mening mashinam/yangi → Mening mashinam yangi emas.

1) men/xafa → ____________________

2) siz/band → ____________________

3) oʻzbek tili/qiyin → ____________________

4) bizning universitet/kichkina → ____________________

5) universitetimizning oshxonasi/yomon → ____________________

5. Namunaga qarab bajaring. 예문처럼 완성하세요.

Namuna

5-1. *Sangmin/kelishgan yigit (ha)* → *Sangmin kelishgan yigitmi?*
– Ha, Sangmin — kelishgan yigit.

5-2. *Bu telefon/qimmat (yo'q)* → *Bu telefon qimmatmi?*
– Yo'q, bu telefon qimmat emas.

1) universitetning oshxonasi/arzon (ha) → ______

2) Seyun/semiz (yo'q) → ______

3) bu uy/qimmat (ha, juda) → ______

4) bu ovqat/mazali (yo'q, uncha) → ______

6. Namunaga qarab bajaring. 예문처럼 완성하세요.

Namuna

6-1. *Toshkentning metrosi (toza/qulay)* → *Toshkentning metrosi qanday?*
– Toza va qulay.

6-2. *o'zbeklarning ovqati (yog'li/shirin)* → *O'zbeklarning ovqati qanday?*
– Yog'li, lekin shirin.

1) bu oshxonaning ovqatlari (qimmat/shirin) → ______

2) universitetning yotoqxonasi (eski/qulay) → ______

3) O'zbekistonda mevalar (arzon/shirin) → ______

4) Toshkent shahri (toza/chiroyli) → ______

5) bu divan (katta/noqulay) → ______

7. Namunaga qarab bajaring. 예문처럼 완성하세요.

Namuna

Seyun/odam (oqko'ngil) → Seyun qanday odam?
– Oqko'ngil odam.

1) Samarqand/shahar (qadimiy)

→ ______

2) O'zbekiston milliy universiteti/universitet (eski)

→ ______

3) Koreya/mamlakat (chiroyli)

→ ______

4) "Shum bola"/film (qiziqarli)

→ ______

5) Chimyon tog'i/tog' (baland)

→ ______

8. Namunaga qarab bajaring. O'tgan zamon shaklini qo'llang.

예문처럼 완성하세요. 과거 시제를 사용하세요.

Namuna

8-1. *kecha/havo/yaxshi* → *Kecha havo yaxshi edi.*

1) kecha kechqurun/siz/bo'sh/? → __________

2) o'tgan hafta/bu yer/odam/ko'p → __________

3) yakshanba kuni/siz/band/? → __________

4) oldin/bu mahalla/tinch mahalla → __________

Namuna

8-2. *kecha/havo/sovuq* → *Kecha havo sovuq emas edi.*

1) o'tgan hafta/men/band → __________

2) spektakl/qiziqarli → __________

3) oldin/bu shahar/turistlar/ko'p → __________

4) o'tgan hafta/siz/xona/toza → __________

9. Rasmlarga qarang va savollarga javob bering. 그림을 보고 질문에 답하세요.

1) A: Kimning sochi uzunroq?
   B: ____________________

Iroda Chisu

2) A: Stul qulayroqmi yoki divan?
   B: ____________________

3) A: Qaysi ko'ylak qimmatroq?
   B: ____________________

280.000 so'm 250.000 so'm

4) A: Kimning sumkasi og'irroq?
   B: ____________________

Feruza opa (2kg) Sangmin (5kg)

10. Berilgan ma'lumotlar asosida Umida va Sevara haqida gapirib bering.

주어진 정보들에 따라 Umida와 Sevara에 대해 대화해보세요.

Namuna

Umida Sevaradan kattaroq.

Umida

1) Men 26 yoshdaman.
2) Men juda aqlliman.
3) Mening pulim ko'p.
4) Mening sochim uzun.

Sevara

1) Men 24 yoshdaman.
2) Men aqlliman.
3) Mening pulim uncha ko'p emas.
4) Mening sochim uncha uzun emas.

11. Sifatlarning qiyosiy darajasini qo'llab, gaplar tuzing.

형용사의 비교급을 사용하여 문장을 만드세요.

Namuna

Iroda 21 yoshda. Nargiza 20 yoshda. → Iroda Nargizadan ozgina katta(roq).

1) Boburning onasi 45 yoshda. Farhodning onasi 65 yoshda.

→ ______________________________

2) Mening fotoapparatim 550.000 so'm. Sizning fotoapparatingiz 540.000 so'm.

→ ______________________________

3) "A" shahrida 10 ta universitet bor. "B" shahrida 14 ta universitet bor.

→ ______________________________

12. Rasmlar asosida qiyosiy darajadan foydalanib, iloji boricha koʻproq gaplar tuzing. 그림을 바탕으로 비교급을 사용하여 문장을 완성하세요.

Namuna

Zuhra Farhoddan 5 yosh katta.

Men 23 yoshdaman.

Zuhra

Men 18 yoshdaman.

Farhod

Men 21 yoshdaman.

Shahlo

Men 30 yoshdaman.

Shohruh

"B" mashqlar guruhi (연습문제 B) 

1. Do'stlaringiz bilan dialogni mashq qiling. 친구와 함께 대화를 연습하세요.

A: Bu nima?
B: Mehmonxona.
A: Qaysi mehmonxona?
B: "Lolazor" mehmonxonasi.
A: Chiroyli ekan.
B: Ha, juda chiroyli.
C: Menimcha, uncha chiroyli emas.

1) teatr
Alisher Navoiy
katta

2) bekat
Bodomzor
chiroyli

3) bozor
Chorsu
eski

4) teleminora
Toshkent
baland

2. Do'stlaringiz bilan dialogni mashq qiling. 친구와 함께 대화를 연습하세요.

A: Bu qaysi shahar?
B: Samarqand shahri.
A: Samarqand shahri qanday shahar?
B: O'zbekistondagi eng qadimiy shahar.
A: Aa. Shunaqami?

1) daryo
Sirdaryo
O'zbekiston/uzun

2) ko'cha
Oybek ko'chasi
Toshkent/chiroyli

3) bino
"Lotte Tower" binosi
Koreya/baland

3. Do'stlaringiz bilan dialogni mashq qiling. 친구와 함께 대화를 연습하세요.

A: Yaxshimisiz?

B: Yaxshimisiz?

A: Ishingiz qiyinmi?

B: Mmm. Nima desam ekan? Qiyin, lekin qiziqarli.

1) o'zbek tili
qiyin
qiziqarli

2) mahalla
chiroyli
shovqin

3) xona
kichkina
qulay

4. Do'stlaringiz bilan dialogni mashq qiling. 친구와 함께 대화를 연습하세요.

A: O'tgan hafta men Registonga bordim.

B: Rostdanmi? Qanday ekan?

A: Juda chiroyli ekan. Menda rasmlar bor. Ko'rasizmi?

B: Ha, albatta.

A: Marhamat.

1) Registon
chiroyli

2) Milliy bog'
katta

3) San'at muzeyi
qiziqarli

Audiomashqlar (듣기 활동) 

1. Tinglang va savollarga javob bering. 잘 듣고 질문에 답하세요.

1) ______________________________

2) ______________________________

3) ______________________________

4) ______________________________

5) ______________________________

6) ______________________________

7) ______________________________

2. Tinglang va to'g'ri javobga O belgisini, noto'g'ri javobga X belgisini qo'ying.
잘 듣고 정답에 O 표시를, 오답에 X 표시를 하세요.

1) (   )   2) (   )   3) (   )   4) (   )

O'qish (읽기 활동)  

Matnni o'qing va o'zingizning oilangiz haqida gapirib bering.

본문을 읽고 당신의 가족에 대해 말해보세요.

Assalomu alaykum. Mening ismim — Anvar. Bu — mening oilam. Biz ko'pqavatli uyda yashaymiz. Uyimiz uncha katta emas, lekin juda shinam. Uyimiz tinch mahallada joylashgan. Mahallamizda mashinalar ko'p emas.

Men muhandisman. Zavodda ishlayman. Mening uyim zavoddan uzoq. Taxminan 40 km. Men ishga metroda va avtobusda boraman.

Mening rafiqam bor. Uning ismi — Feruza. U o'qituvchi. U maktabda ishlaydi. U juda aqlli. U ko'p ishlaydi. Uyda ham dam olmaydi. Mening rafiqam juda pazanda. U har kuni mazali ovqatlar pishiradi.

Bizning ikkita farzandimiz bor: bir qiz va bir o'g'il. Qizimizning ismi — Iroda. U 20 yoshda. U O'zbekiston milliy universitetida o'qiydi. U juda chiroyli va aqlli. U ko'p dars qiladi, ko'p kitob o'qiydi, har kuni kutubxonaga boradi.

O'g'limizning ismi — Bobur. U hali yosh. U 9 yoshda. U maktabda o'qiydi. U hech qachon dars qilmaydi, har doim kompyuter o'ynaydi.

Bizning kuchugimiz bor. Uning oti — Olapar. U har kuni men bilan metro bekatigacha boradi. U juda aqlli, lekin qari. Bizning mushugimiz ham bor. U juda dangasa. U juda chiroyli, lekin semiz. U ko'p ovqat yeydi va kun bo'yi uxlaydi. Sizning ham kuchugingiz yoki mushugingiz bormi? Ular qanaqa?

QO'SHIMCHA IFODALAR

RANGLAR 색

oq 흰
qora 검은
qizil 붉은
ko'k 파란
yashil 초록의
sariq 노란
havorang 하늘색의
pushti 분홍의
jigarrang 갈색
kulrang 회색
siyohrang 보라색
oqish 베이지색

TA'MLAR 맛

shirin 단

achchiq 매운

sho'r 짠

nordon 신

BOSHQA SIFATLAR 기타 형용사

yaqin 가까운
uzoq 먼
tor 좁은
keng 넓은
qattiq 단단한, 굳은
yumshoq 부드러운
qalin 두꺼운
yupqa 얇은

MEMO

10-DARS

Yoqtirish va yoqtirmaslik
좋아하는 것과 좋아하지 않는 것

Darsning maqsadi (학습목표)

- Kim nimani yoqtirishi/yoqtirmasligini ifodalash 누가 무엇을 좋아하는지/좋아하지 않는지를 표현하기

Kirish savollar (도입 질문)

1. Eng yaxshi koʻrgan mevangiz qaysi? 당신이 가장 좋아하는 과일은 무엇인가요?
2. Sizga oʻzbek tilini oʻrganish yoqadimi? Yoqmasa, sababi nimada? 당신은 우즈베크어를 배우는 것을 좋아하나요? 싫다면 왜 싫은가요?
3. Oʻzbekcha qoʻshiq eshitganmisiz? Bu qoʻshiq sizga yoqdimi? 당신은 우즈베크 노래를 들어본 적 있나요? 그 노래가 마음에 들었나요?

Yangi so'zlar (새로운 단어) 

yoqmoq 마음에 들다
yaxshi ko'rmoq (-ni ~) 좋아하다
sayohat qilmoq 여행하다
kompyuter o'ynamoq 컴퓨터 게임을 하다
rasm chizmoq 그림을 그리다
ashula aytmoq 노래하다

raqsga tushmoq 춤 추다
yig'lamoq 울다
gaplashmoq (bilan ~) 이야기하다
mehmonga taklif qilmoq (-ni~) 손님으로 초대하다

fasl 계절
bahor 봄
yoz 여름
kuz 가을
qish 겨울

ichimlik 음료수
taom 음식
go'sht 고기
mol go'shti 소고기
somsa 솜싸

achchiq 매운
go'shtli 고기가 있는

go'shtsiz 고기가 없는

sport turi 운동 종목
basketbol 농구
voleybol 배구

beysbol 야구
golf 골프
badminton 배드민턴

musiqa 음악
ashula 노래
konsert 콘서트
karaoke 노래방
mumtoz musiqa 전통음악

jaz 재즈
estrada 에스트라다(음악장르)
rep 랩
rok 록 뮤직

ziyofat 잔치
imtihon 시험

ko'rsatuv TV프로그램

nimaga 왜
chunki 왜냐하면

shuning uchun 그래서, 그렇기 때문에

umuman 일반적으로
albatta 당연히
ozgina 조금

turmush o‘rtog‘i 배우자

Yomg‘ir yo‘gadi. 비가 내린다/온다.
Qor yog‘adi. 눈이 내린다/온다.

birinchi marta 첫 번째
birga 함께
har xil 다른, 다양한

Voy, muncha yaxshi! 와, 매우 좋아!
Yaxshi fikr! 좋은 생각이야!

Grammatika (문법)

동명사 *-(i)sh*

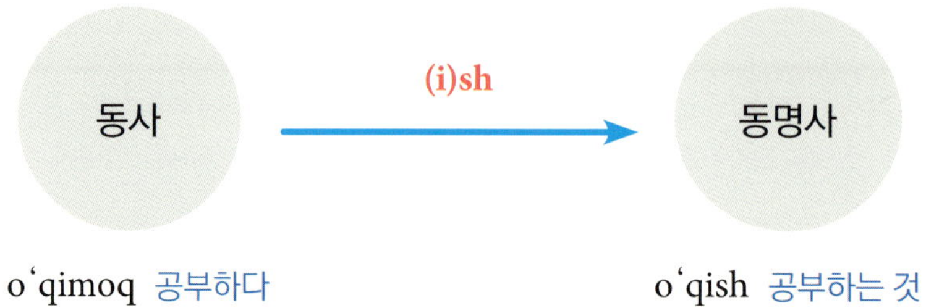

o'qimoq 공부하다 → o'qish 공부하는 것

동사원형에서 *-moq*을 제거한 후, *-(i)sh*를 붙이면 '~하는 것/~하기'의 동명사 형태로 변화한다. 동사어간이 자음으로 끝나면 *-ish*, 모음으로 끝나면 *-sh*를 붙여준다.

예 *Men kino ko'rishni yaxshi ko'raman.*
나는 영화 보는 것을 좋아한다.

Sen ashula aytishni yaxshi ko'rasanmi?
너는 노래 부르는 것을 좋아하니?

예 *kino ko'rmoq* 영화 보다 → *kino ko'rish*
ashula aytmoq 노래 부르다 → *ashula aytish*
mashina haydamoq 자동차를 운전하다 → *mashina haydash*

-ga yoqmoq

'누가 무엇을 좋아하다, 맘에 들어 하다'와 같은 표현을 할 때 유용하게 쓸 수 있는 표현이다. 그러나 한국어와 어순이 다르기 때문에 사용 시 유의해야 한다. 다음 예를 보자.

예 *Menga raqsga tushish yoqadi.*
(직역) 나에게 춤추는 것이 맘에 든다/좋다.
(의역) 나는 춤추는 것을 좋아한다.

즉, '누구' *ga* '무엇이' *yoqadi./~ yoqmaydi.* (현재)
yoqdi./~ yoqmadi. (과거)

의문문은 문장 마지막에 *-mi?*를 붙여준다.

예 *Sizga achchiq ovqatlar yoqadimi?*
Sizga nima yoqmadi?

Men*ga* bahor fasli *yoqadi*.	나는 봄을 좋아한다.
Men*ga* raqsga tush*ish* *yoqadi*.	나는 춤추는 것을 좋아한다.

Kimga		nima nima qilish	yoqadi?
Men+ Sen+ Siz+ Un+ Biz+ Sizlar+ Ular+	ga	bahor fasli o'zbekcha musiqa balet obi non ashula ayt**ish** kitob o'q**ish**	yoqadi. yoqmaydi.

1. Misollarni o'qing. 예문을 읽으세요.

1) Menga o'zbek milliy taomlari yoqadi.
2) Menga bu palto uncha yoqmadi.
3) Menga ashula aytish va raqsga tushish juda yoqadi.

2. Dialoglarni oʻqing va doʻstingiz bilan oʻxshash dialoglar tuzing.

대화를 읽고 친구와 함께 유사한 대화문을 만드세요.

1) A: Sizga qaysi fasl yoqadi?
   B: Menga kuz fasli yoqadi.

2) A: Sizga qaysi sport turi yoqadi?
   B: Menga basketbol yoqadi.

3) A: Sizga achchiq ovqatlar yoqadimi?
   B: Yoʻq, menga achchiq ovqatlar yoqmaydi.

4) A: Kecha men yangi kino koʻrdim.
   B: Yoqdimi?
   A: Ha, juda yoqdi.

☑ 목적격 *-ni*

목적격 조사로, 한국어의 '~을/를'에 해당한다. 한국어와 마찬가지로 생략하여 말할 수 있지만 대상을 특정하여 표현할 때는 생략하지 않는다. 예를 들어보자.

[특정 대상]

예 *Men Boburni tanimayman.* 나는 바부르를 알지 못합니다.

Bu bayramni qanday oʻtkazdingiz? 이번 명절을 어떻게 보냈나요?

Shifokor shu bemorni koʻryapti. 의사가 (특정한) 환자를 보고 있다.

Kimni koʻrdingiz? 누구를 보았나요?

1-Izoh

bu, shu, u, o'sha 등 지시형용사가 있을 경우(가), 또는 대상이 이미 특정되었을 경우, *-ni* 목적격을 사용하게 된다.

가) *Men bu kitobni o'qidim.* 나는 이 책을 공부합니다.
  * 아무 책이 아닌 특정한 이 공책을 가리킨다.

나) *Uning xolasini yaxshi bilaman.* 나는 그의 이모를 잘 안다.

다) *Ertaga mashinamni yuvaman.* 내일 내 자동차를 세차한다.

나), 다)의 예문에서와 같이 소유격 어미가 붙은 특정한 사물, 사람을 가리키기 때문에 *-ni*를 사용한다. 즉, 구체적인 '특정' 대상에는 목적격 *-ni*가 온다.

Men balet*ni yaxshi ko'raman*.	나는 발레를 좋아한다.
Men kitob o'qi*shni yaxshi ko'raman*.	나는 책 읽는 것을 좋아한다.

Kim	nimani nima qilishni		yaxshi/yomon ko'radi?	
Men Sen Siz U Biz Sizlar Ular	balet+ futbol+ olma+ kitob o'qish+ musiqa eshitish+	ni	yaxshi yomon	ko'raman. ko'rasan. ko'rasiz. ko'radi. ko'ramiz. ko'rasizlar. ko'radi(lar).

YAXSHI KO'RMOQ
YOMON KO'RMOQ

nimani?		nima qilishni?	
Men	sportni yaxshi ko'raman.	Men	tennis o'ynashni yaxshi ko'raman.
Sen	teatrni yaxshi ko'rasanmi?	Sen	balet ko'rishni yaxshi ko'rasanmi?
Siz	kitobni yaxshi ko'rasizmi?	Siz	kitob o'qishni yaxshi ko'rasizmi?
U	musiqani yaxshi ko'radi.	U	musiqa eshitishni yaxshi ko'radi.
Biz	kinoni yaxshi ko'ramiz.	Biz	kino ko'rishni yaxshi ko'ramiz.
Sizlar	go'shtni yaxshi ko'rasizlarmi?	Sizlar	go'sht yeyishni yaxshi ko'rasizlarmi?
Ular	dengizni yaxshi ko'radilar.	Ular	dengizda dam olishni yaxshi ko'radilar.

3. Misollarni o'qing. 예문을 읽으세요.

Men palovni juda yaxshi ko'raman.

1) Anvar aka palovni yaxshi ko'radi.

Men sho'rvani yomon ko'raman.

2) Anvar aka sho'rvani yomon ko'radi.

Men olmani yaxshi ko'raman.

3) Bobur olmani yaxshi ko'radi.

Men rok musiqani yaxshi ko'raman.

4) Mening do'stim rok musiqani yaxshi ko'radi.

5) Sangmin sportni yaxshi koʻradi.

6) Seyun hayvonlarni yaxshi koʻradi.

7) Bobur televizor **koʻrishni** yaxshi koʻradi.

8) Iroda kitob **oʻqishni** yaxshi koʻradi.

9) Men futbol **oʻynashni** yomon koʻraman.

10) Sangmin xat **yozishni** yomon koʻradi.

4. Dialoglarni oʻqing va doʻstingiz bilan mashq qiling.

대화를 읽고 난 후, 친구와 함께 연습해 보세요.

1) A: Siz mumtoz musiqani yaxshi koʻrasizmi?
   B: Ha, juda. Siz-chi?
   A: Men ham.

2) A: Ukangiz futbolni yaxshi koʻradimi?
   B: Juda yaxshi koʻradi.

3) A: Siz operani yaxshi koʻrasizmi?
   B: Uncha emas.

4) A: Siz qish faslini yaxshi koʻrasizmi?
   B: Ha, juda yaxshi koʻraman. Chunki qishda oppoq qor yogʻadi.
   Hamma joy juda chiroyli boʻladi.

5) A: Otangiz doʻkonga borishni yaxshi koʻradimi?
   B: Yoʻq, otam doʻkonga borishni uncha yaxshi koʻrmaydi.

6) A: Siz nima qilishni yaxshi koʻrasiz?
   B: Men kitob oʻqishni yaxshi koʻraman.

7) A: Men sayohat qilishni yaxshi koʻraman. Siz-chi?
   B: Men ham.

8) A: Ukangiz futbol oʻynashni yaxshi koʻradimi?
   B: Ha, juda yaxshi koʻradi.

9) A: Siz uy tozalashni yaxshi koʻrasizmi?
   B: Yoʻq, men uy tozalashni yomon koʻraman.

"A" mashqlar guruhi (연습문제 A) 

1. Namunaga qarab bajaring. 예문처럼 완성하세요.

Namuna

raqsga tushmoq (yo'q) →	*Sizga raqsga tushish yoqadimi?* *– Yo'q, uncha yoqmaydi.*

1) o'zbek milliy taomlari (ha) → ______________________

2) sayohat qilmoq (ha, juda) → ______________________

3) ashula aytmoq (yo'q, uncha) → ______________________

4) mol go'shti (ha, juda) → ______________________

5) qish fasli (y'oq, uncha) → ______________________

2. Savollarga javob bering. 질문에 답하세요.

1) Sizga qaysi sport turi yoqadi?
2) Sizga qaysi fasl yoqadi?
3) Sizga qaysi kino yoqadi?
4) Sizga qanday musiqa yoqadi?
5) Sizga qaysi aktyor/aktrisa yoqadi?

3. Namunaga qarab bajaring. 예문처럼 완성하세요.

Namuna

O'tgan hafta men Samarqandga bordim. (ha, juda)
→ Rostdanmi? Sizga Samarqand yoqdimi?
– Ha, juda yoqdi.

1) Kecha men yangi kino ko'rdim. (yo'q, uncha)
→ ______

2) Men kecha birinchi marta somsa yedim. (ha, juda)
→ ______

3) O'tgan hafta men yangi do'konga bordim. (yo'q, uncha)
→ ______

4) Bizning kursga yangi talaba keldi. (ha, juda)
→ ______

5) Kecha mening singlim birinchi marta kofe ichdi. (yo'q)
→ ______

4. Namunaga qarab bajaring. 예문처럼 완성하세요.

Namuna

Sangminga Yongmi yoqadi. → *A: Kimga Yongmi yoqadi?*
B: Sangminga.
A: Sangminga kim yoqadi?
B: Yongmi.

1) Hasan akaga "Neksiya" mashinasi yoqadi. → ____________________

2) Doniyorga Nigora yoqadi. → ____________________

3) Nigoraga Botir yoqadi. → ____________________

4) Chisuga Toshkent yoqadi. → ____________________

5. Oʻqing va savolarga javob bering. 잘 읽고 질문에 답하세요.

1) Anna oʻzbekcha ashulalarni yaxshi koʻradi. U oʻzbekcha ashulalarni koʻp eshitadi. Siz-chi?
2) Jon baletni yomon koʻradi. U kamdan-kam teatrga boradi. Siz-chi?
3) Chisu va Sangmin kinoni yaxshi koʻradilar. Ular har yakshanba kuni birga kinoteatrga boradilar. Siz-chi?
4) Mening dugonam K-pop ashulalarini juda yaxshi koʻradi. Sizning dugonangiz-chi?
5) Men sport bilan shugʻullanishni uncha yaxshi koʻrmayman. Siz-chi?
6) Mening xolam ovqat pishirishni yaxshi koʻrmaydi. Sizning xolangiz-chi?
7) Mening ukam uy tozalashni yomon koʻradi. Sizning ukangiz-chi?
8) Mening onam doʻkonga borishni yaxshi koʻradi. Sizning onangiz-chi?

6. Namunaga qarab bajaring. 예문처럼 완성하세요.

Namuna

Men bog'da sayr qilishni yaxshi ko'raman. → Menga bog'da sayr qilish yoqadi.

1) Siz qish faslini yaxshi ko'rasizmi?

→

2) Sangmin opera eshitishni yaxshi ko'radi.

→

3) Ular achchiq ovqatlarni yaxshi ko'radilar.

→

4) Anna katta shaharda yashashni yomon ko'radi.

→

5) Men do'stlarimni mehmonga taklif qilishni yaxshi ko'raman.

→

6) Biz "Shum bola" filmini juda yaxshi ko'ramiz.

→

7) Sizlar bu ko'rsatuvni yaxshi ko'rasizlarmi?

→

8) Mening do'stim kompyuterda o'yin o'ynashni yaxshi ko'radi.

→

7. Bo‘sh joylarga mos keladigan so‘zlarni qo‘ying va gaplarni yakunlang.

빈칸에 알맞은 단어들을 넣고 문장을 완성하세요.

1) Men xat olishni yaxshi ko‘raman, lekin xat yozishni ____________.

2) Seyun tennis o‘ynashni yaxshi ko‘radi, lekin ____________ yomon ko‘radi.

3) Bolalar ____________ yomon ko‘radilar, lekin ____________ yaxshi ko‘radilar.

4) Koreyslar guruchni ____________, lekin yog‘li ovqatni ____________.

5) Biz go‘shtli ovqatlarni ____________, lekin go‘shtsiz ovqatlarni ____________.

"B" mashqlar guruhi (연습문제 B) 

1. Dialogni doʻstingiz bilan mashq qiling. 친구와 함께 대화를 연습하세요.

A: Sizga kino ko'rish yoqadimi?
B: Ha, juda yoqadi.
A: Menda ikkita bilet bor. Birga kinoga boramizmi?
B: Voy, muncha yaxshi! Albatta, boramiz.

1) tarix
muzey

2) rasm koʻrmoq
koʻrgazma

3) musiqa eshitmoq
konsert

2. Dialogni doʻstingiz bilan mashq qiling. 친구와 함께 대화를 연습하세요.

A: Jon, odatda dam olish kunlari nima qilasiz?
B: Odatda futbol o'ynayman.
A: Sport bilan shug'ullanishni yaxshi ko'rasizmi? Menga ham sport bilan shug'ullanish yoqadi.
B: Sizga qaysi sport turi yoqadi, Iroda?
A: Menga tennis bilan shug'ullanish yoqadi. Shuning uchun har shanba kuni tennis to'garagiga boraman. Juda qiziqarli.
B: Menga ham tennis yoqadi. Kelasi hafta birga tennis o'ynaymizmi?
A: Yaxshi fikr!

1) basketbol oʻynamoq
voleybol

2) golf oʻynamoq
beysbol

3) basseynda suzmoq
futbol

Audiomashqlar (듣기 활동) 

1. Tinglang va savollarga javob bering. 잘 듣고 질문에 답하세요.

1) ____________________

2) ____________________

3) ____________________

4) ____________________

5) ____________________

2. Tinglang va toʻgʻri javobga O belgisini, notoʻgʻri javobga X belgisini qoʻying.
잘 듣고 정답에 O 표시를, 오답에 X 표시를 하세요.

1) ( )   2) ( )   3) ( )

O'qish (읽기 활동) 

Matnni o'qing. Berilgan gap to'g'ri bo'lsa, O belgisini, noto'g'ri bo'lsa, X belgisini qo'ying. 지문을 읽고, 주어진 문장이 옳으면 O 표시를, 틀리면 X 표시를 하세요.

Mening ismim — Alisher. Men raqsga tushishni yaxshi ko'raman. Har shanba kuni men raqs to'garagiga boraman. To'garakka borish menga juda yoqadi. U yerda har xil odamlar bilan uchrashaman. Men Lola bilan ham raqs to'garagida tanishdim. Lola ham raqsga tushishni yaxshi ko'radi. Unga rasm chizish ham yoqadi. Lola — yaxshi rassom. Menga uning rasmlari juda yoqadi. Shanba kuni ertalab biz birga ko'rgazmaga boramiz. Keyin raqs to'garagida raqsga tushamiz. Menimcha, raqsga tushish juda qiziqarli. Siz ham raqsga tushishni yaxshi ko'rasizmi?

1) Alisher rasm chizishni yaxshi ko'radi. (   )
2) Alisher yakshanba kuni raqs to'garagiga boradi. (   )
3) Alisher Lola bilan raqs to'garagida tanishdi. (   )
4) Lolaga raqsga tushish yoqadi. (   )
5) Ular ertaga ko'rgazmaga boradilar. (   )

Oziq-ovqatlar 음식

non
빵

go'sht
고기

mol go'shti
소고기

qo'y go'shti
양고기

cho'chqa go'shti
돼지고기

tovuq go'shti
닭고기

baliq
생선

tuxum
계란

qatiq
요거트

qaymoq
크림

pishloq
치즈

guruch
쌀

un
밀가루

tuz
소금

yog'
기름

Sabzavotlar 채소

Mevalar 과일

olma
사과
uzum
포도
nok
배
shaftoli
복숭아
o'rik
살구
anor
석류
qulupnay
딸기
gilos
체리
olcha
앵두
banan
바나나
apelsin
오렌지
mandarin
귤
ananas
파인애플
qovun
멜론
tarvuz
수박

Shirinliklar 단 음식, 디저트

shakar
설탕

qand (= konfet)
사탕, 초콜렛

tort
케이크

muzqaymoq
아이스크림

Ichimliklar 음료

suv
물

choy
차

sut
우유

qahva
커피

sharbat
주스

pivo
맥주

aroq
술

vino
와인

MEMO

11-DARS

Sabab. Taklif. Iltimos.
이유, 제안, 부탁

Darsning maqsadi (학습목표)

- Qaysi tilni qay darajada bilishini aytish 어떤 언어를 어느 정도로 아는지 말하기
- Sababni ifodalash 이유/원인 표현하기
- Biror narsa qilishni taklif qilish 어떤 일을 하기를 제안/초정하기
- Iltimos qilish yoki buyruq berish 부탁하기 혹은 명령 내리기

Kirish savollar (도입 질문)

1. Hozirgacha qaysi tillarni oʻrgangansiz? 당신은 지금까지 어떤 언어를 배워봤나요?
2. Siz nimaga oʻzbek tilini oʻrganyapsiz? 당신은 왜 우즈베크어를 배우나요?
3. Yaqin doʻstingizni tugʻilgan kuningizga taklif qiling. Taklifnomaga nima deb yozasiz? 당신의 생일에 친한 친구들을 초대해보세요. 초대장에 어떤 내용을 쓸껀가요?

Yangi so'zlar (새로운 단어) 

yoqmoq (스위치/가스를) 켜다
o'chirmoq (스위치/가스를) 끄다
ochmoq 열다

yopmoq 닫다
bermoq 주다
olmoq 가지다, 사다

kutmoq 기다리다
ushlamoq 잡다, 붙들다
yurmoq 걷다
qayrilmoq (= burilmoq) 돌다, 회전하다
to'xtamoq 멈추다
ko'rsatmoq 보여주다
uchmoq 날다
baho olmoq (-dan ~) 점수를 받다

yordam bermoq (-ga ~) 도움을 주다
qo'ng'iroq qilmoq (-ga ~) 전화하다
gapirib bermoq 말해주다
berib turmoq 빌려주다
o'ngga qayrilmoq 오른쪽으로 돌다
chapga qayrilmoq 왼쪽으로 돌다
to'g'riga yurmoq 직진하다

o'tirmoq 앉다
turmoq 일어서다
kirmoq (-ga ~) 들어가다
chiqmoq (-dan ~) 나가다

chiqmoq (-ga ~) 올라가다
tushmoq (-dan ~) 내려가다
chekmoq 담배를 피우다
rasmga olmoq 사진을 찍다

astoydil 열심히
kelasi safar 다음 번

-ning oldida ~의 앞에
ko'rgazma 전시회

ro'za 단식, 금식
ro'zador 단식하는 사람

qaytim 거스름돈
pasport 여권

Iltimos. 부탁합니다.
Jonim bilan. 기꺼이, 기쁘게
Ilojim yo'q. 불가능해요.
Sog' bo'ling. 건강하세요.
Ehtiyot bo'ling. 조심하세요.
Oling. 사세요/(음식을) 드세요.
Yaxshi fikr! 좋은 생각이에요!
Kutib turing. 기다려주세요.

Tezroq bo'ling. 서두르세요.
Yordam berib yuboring. 도와주세요.
Sekinroq gapiring. 천천히 말하세요.
Xavotir olmang. 걱정하지 마세요.
Xavotir olyapman. 걱정하고 있어요.
Esiz. (안타까움을 나타나며) 저런, 아...
Uzr. 미안해요.

Osh markazi 오쉬 마르카즈(우즈베키스탄에 있는 유명한 palov 식당 이름)
Sharqshunoslik instituti 동방학대학교

Grammatika (문법)

✓ *-ni bilmoq* ~을 알다

bilmoq 동사는 '~을 알다'라는 뜻으로, 만일 특정 언어를 잘 안다고 말할 때는 '언어+*ni* (*yaxshi*) *bilmoq*'의 형태로 써야 한다. 이는 '... 언어를 잘 구사한다'라는 의미의 '언어+*da* (*yaxshi*) *gapirmoq*'이라는 표현에서 격조사 활용을 혼동할 수 있다. *bilmoq*은 목적격 *-ni*, *gapirmoq*은 처격 *-da*를 씀을 기억하자.

Men oʻzbek tili*ni* yaxshi *bilaman*.	나는 우즈베크어를 잘 압니다.
Men xitoy tili*ni* *umuman bilmayman*.	나는 중국어를 거의 모릅니다.

1-Izoh

*umuman*은 대체로, '거의'라는 뜻으로, 부정문에서 쓰이면 '거의 ~하지 않다'의 의미로 쓰인다.

1. Misollarni oʻqing. 예문을 읽으세요.

1) Siz ingliz tilini yaxshi bilasizmi?
2) Men oʻzbekcha yaxshi gapiraman, lekin rus tilini umuman bilmayman.
3) Bobur ingliz tilini uncha yaxshi bilmaydi.
4) Biz bu odamni umuman tanimaymiz.
5) Sangmin kechasi umuman uxlamadi.

✓ 접속사 *shuning uchun*

'그래서, 그렇기 때문에'라는 뜻으로, 형태는 [원인/현상. *Shuning uchun* 원인에 따른 결과]이다. 즉, *shuning uchun*을 기준으로 앞 문장은 원인/현상, 뒷 문장은 그에 따른 결과가 나타난다. *shuning uchun* 앞의 문장은 마침표로 종결할 수도 있고, 쉼표로 *shuning* uchun으로 시작하는 문장과 이어서 사용할 수 있다.

예 *Bu kitob juda zerikarli. Shuning uchun men bu kitobni yopdim.*
이 책은 지루하다. 그래서 나는 이 책을 덮었다.
Noutbugim ishlamayapti, shuning uchun senikini olib tursam maylimi?
저의 노트북이 일하지 않아서(고장나서) 당신 것을 빌릴 수 있을까요?

* 이와 비슷한 단어로는 *shunga, shu sababli, shu tufayli, shu sababdan* 등이 있다.

Mening vaqtim yo'q, *shuning uchun* umuman televizor ko'rmayman.
(나의) 시간이 없어, 그래서 난 대체로 TV는 보지 않아.

2. Misollarni o'qing. 예문을 읽으세요.

1) Seyun o'zbek tilini yaxshi biladi, shuning uchun kecha u menga dars qilishga yordam berdi.
2) Men juda charchadim, shuning uchun ozgina dam olaman.
3) Bu juda yaxshi restoran, shuning uchun bu yerda har doim odam ko'p.
4) Ertaga do'stimning tug'ilgan kuni, shuning uchun men unga sovg'a sotib olaman.

✓ 의문사 *nimaga?/nega?*

두 의문사 모두 이유를 묻는 의문사이다. '왜'라는 뜻을 가진다. 대답에는 '왜'에 대한 설명, 이유를 포함하게 된다.

예 *Nega darsga kech qoldingiz? – (Chunki) ertalab kech turdim.*
왜 수업에 늦었나요? – (왜냐하면) 아침에 늦게 일어났어요.

접속사 *chunki*

'왜냐하면'이라는 뜻으로, 형태는 [현상/결과, *chunki* 결과에 대한 이유]이다.

예 *Men umuman televizor ko'rmayman, chunki mening vaqtim yo'q.*
나는 TV를 거의 보지 않는다. 왜냐하면 시간이 없기 때문이다.
→ *Mening vaqtim yo'q, shuning uchun umuman televizor ko'rmayman.*
나는 시간이 거의 없다. 그래서 TV를 거의 보지 않는다.

(Mening) kitob o'qigim keldi, shuning uchun men kitob sotib oldim.
책을 읽고 싶었다. 그래서 나는 책을 샀다.
→ *Men kitob sotib oldim, chunki (mening) kitob o'qigim keldi.*
나는 책을 샀다. 왜냐하면 책을 읽고 싶기 때문이다.

* *shuning uchun*(그래서)과 반대로 *chunki*(왜냐하면)과 순서를 헷갈리지 말자.

A: *Nimaga* kecha konsertga bormadingiz?	A: (당신은) 어제 왜 콘서트에 가지 않았습니까?
B: *(Chunki)* vaqtim yo'q edi.	B: (왜냐하면) 시간이 없었어요.

3. Misollarni o'qing. 예문을 읽으세요.

1) A: Nimaga kecha darsga kelmadingiz?
   B: Chunki kecha kasal edim.

2) A: Nimaga gul sotib oldingiz?
   B: Chunki bugun onamning tug'ilgan kuni.

3) A: Nimaga o'zbek tilini o'rganyapsiz?
   B: Chunki kelasi yil men O'zbekistonda ishlayman.

☑ 명령법 *Buyruq-istak mayli*

[동사의 명령법(존칭, 반말/부정형) – 2인칭 대상]

'문을 열어주세요', '여기서 세워주세요' 등 일상생활에서 명령형은 자주 쓰인다. 말하는 사람이 듣는 이에게 직접 명령하는 2인칭 명령법은 *-moq*로 끝나는 동사 원형에서 어간만 남기고 *-(i)ng*를 붙이면 된다. 예문을 통해 살펴보자.

예 *Eshikni och-ing.*	문을 열어주세요.
Bu qalamda yoz-ing.	이 연필로 쓰세요.
Shu olmani sotib ol-ing.	이 사과를 사세요.
Uyga qayt-ing.	집에 돌아가세요.
Shu yerda avtobusdan tush-ing.	여기서에서 버스에서 내리세요.
Shu yerda to'xta-ng.	여기서 세워주세요.

동사어간-*(i)ng*	~하세요

* 동사어간이 자음으로 끝나면 *-ing*, 모음으로 끝나면 *-ng*를 첨가한다.

만일 '문을 열어라', '집에 돌아가라' 등으로 표현하고 싶으면, 단순히 *-moq*을 제외하고 사용하거나, 혹은 동사어간에 *-gin*을 붙이면 된다.

예 *Eshikni och./Eshikni och-gin.*
Bu qalamda yoz./Bu qalamda yoz-gin.
Shu olmani sotib ol./Shu olmani sotib ol-gin.
Uyga qayt./Uyga qayt-gin.
Shu yerda to'xta./Shu yerda to'xta-gin.

부정형은 '동사어간*-mang*' 형태로 만든다.

예 *Eshikni ochmang.*
Bu qalamda yozmang.
Bu olmani sotib olmang.

Uyga qaytmang.
Bu yerda to'xtamang.

즉, '~하지 마세요'의 경우 동사어간에 동사의 부정형 어미인 *-ma*가 온다. 모음으로 끝났기 때문에 *-ng*을 첨가한다. '~해라'일 경우에는 *-ma/-magin*로 끝낸다.

예 *Eshikni ochma.*
Bu qalamda yozmagin.
Bu olmani sotib olmagin.
Uyga qaytma.
Bu yerda to'xtama.

2인칭 명령의 대상이 여러 명에게 향할 때는 복수형 어미 *-lar*를 첨가한다.

예 *Eshikni ochinglar./Eshikni ochmanglar.*
Bu yerda to'xtanglar./Bu yerda to'xtamanglar.

이 밖에도 1인칭 단수(*men*)과 3인칭(*u, ular*)에 대한 명령법이 있으나, A1 단계에서는 1인칭 복수(*biz*), 2인칭(*sen, siz, sizlar*)에 대해서만 다루고자 한다.

	Biz		Sen		Siz		Sizlar	
qilmoq	Qil**aylik**.	Qil**maylik**.	Qil.	Qil**ma**.	Qil**ing**.	Qil**mang**.	Qil**inglar**.	Qil**manglar**.
ketmoq	Ketaylik.	Ketmaylik.	Ket.	Ketma.	Keting.	Ketmang.	Ketinglar.	Ketmanglar.
o'qimoq	O'qiylik.	O'qimaylik.	O'qi.	O'qima.	O'qing.	O'qimang.	O'qinglar.	O'qimanglar.
ochmoq	Ochaylik.	Ochmaylik.	Och.	Ochma.	Oching.	Ochmang.	Ochinglar.	Ochmanglar.

A: Konsertga birga bor*aylik*.
B: *Jonim bilan*.

A: (우리) 콘서트에 함께 가자.
B: 기꺼이! 좋아!

4. Misollarni o'qing. 예문을 읽으세요.

1) A: Bugun birga tushlik qilaylik.
   B: Jonim bilan.

2) A: Kechqurun birga kinoga boraylik.
   B: Uzr. Ilojim yo'q. Ertaga imtihonim bor, shuning uchun bugun kutubxonada dars qilaman.

3) A: Biz o'zbek tilini yaxshi bilamiz-ku. Bugundan faqat o'zbekcha gaplashaylik.
   B: Juda yaxshi fikr!

Iltimos, eshikni oching.

Iltimos, imtihonda gaplashmang.

5. Misollarni o'qing. 예문을 읽으세요.

1) Keting!

2) Iltimos, ketmang.

3) Bor, darsingni qil.

4) Bolalar, kitobni ochinglar.

5) Og'zingizni oching.

"A" mashqlar guruhi (연습문제 A)

1. Namunaga qarab bajaring. 예문처럼 완성하세요.

Namuna

*Iroda*ingliz tili (ha, yaxshi)* → *Iroda ingliz tilini biladimi?*
– Ha, yaxshi biladi.

1) siz*oʻzbek tili (ha, oz-moz) →

2) aka*fransuz tili (yoʻq, umuman) →

3) Sangmin*yapon tili (yoʻq, uncha yaxshi) →

4) siz*rus tili (ha, yaxshi) →

2. Namunaga qarab bajaring. 예문처럼 완성하세요.

Namuna

Mening vaqtim yoʻq, shuning uchun ishga taksida boraman.

1) 2) 3)

1) ____________________

2) ____________________

3) ____________________

3. Bu mashqda gaplarning boshi va oxiri almashib qolgan. Ularni mazmunan birlashtiring. 각 문장의 앞부분과 뒷부분을 연결하여 뜻이 되도록 만드세요.

Gapning boshi	Gapning oxiri
1) Seyun oʻzbek tilini yaxshi biladi, ________.	a. shuning uchun u boʻsh vaqtlarida sportzalga boradi
2) Iroda har doim astoydil dars qiladi, ________.	b. shuning uchun issiq choy ichdim
3) Havo juda sovuq, ________.	c. shuning uchun nonushta qilmadim
4) Men bugun juda kech turdim, ________.	d. shuning uchun Oʻzbekiston elchixonasida ishlaydi
5) Sangminga sport bilan shugʻullanish yoqadi, ________.	e. shuning uchun banklar ishlamaydi
6) Bugun yakshanba, ________.	f. shuning uchun imtihondan yaxshi baho oldi

4. Quyidagi gaplarni qanday yakunlaysiz? 아래의 문장을 어떻게 완성할 수 있나요?

1) Bobur hali yosh, shuning uchun ____________.

2) Kecha Seyun uyga kech keldi, shuning uchun ____________.

3) Sangmin ingliz tilini uncha yaxshi bilmaydi, shuning uchun ____________.

4) Sangmin — kuchli sportchi, shuning uchun ____________.

5) Yongmi sportni yaxshi koʻradi, shuning uchun ____________.

6) Dushanba kuni Anvar aka band edi, shuning uchun ____________.

5. *shuning uchun* bogʻlovchisini qoʻllab, gaplar tuzing. Baʼzi gaplarning boshi va oxiri almashib qolganini unutmang.
접속사를 사용하여 문장을 완성하세요. 어떤 문장은 앞뒤 순서가 뒤바뀔 수 있어요.

Namuna

(Bobur) har kuni kompyuter oʻynamoq — kompyuter oʻynashni yaxshi koʻrmoq
→ *Bobur kompyuter oʻynashni yaxshi koʻradi, shuning uchun har kuni kompyuter oʻynaydi.*

1) (men) musiqani yaxshi koʻrmoq — konsertga koʻp bormoq
→ ____________________

2) (doʻst) universitetga ikki kun kelmoq — kasal
→ ____________________

3) (men) darsga kech qolmoq — ertalab kech turmoq
→ ____________________

4) (biz) sportni yaxshi koʻrmoq — har kuni sportzalga bormoq
→ ____________________

6. Namunaga qarab bajaring. 예문처럼 완성하세요.

Namuna

Mustaqillik maydoniga bordingiz. (u yerda uchrashuvim bor) →
Nimaga Mustaqillik maydoniga bordingiz?
– Chunki u yerda uchrashuvim bor edi.

1) Onangiz sport bilan shug'ullanmaydi. (sportni yaxshi ko'rmaydi)

→

2) Kecha ziyofatga kelmadingiz. (ishim juda ko'p)

→

3) Chisu konsertga bormaydi. (chiptasi yo'q)

→

4) Go'sht sotib oldingiz. (bugun kechqurun palov pishirmoq)

→

7. Savollarga sababini keltirib javob bering. 다음 질문에 이유를 들어 대답하세요.

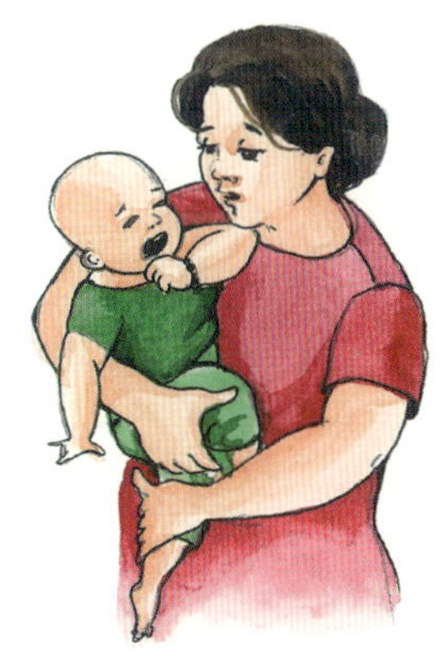

1) Nimaga bola hech narsa yemadi?

2) Nimaga ona uxlamadi?

3) Nimaga u imtihonda yomon baho oldi?

8. Namunaga qarab bajaring. 예문처럼 완성하세요.

Namuna

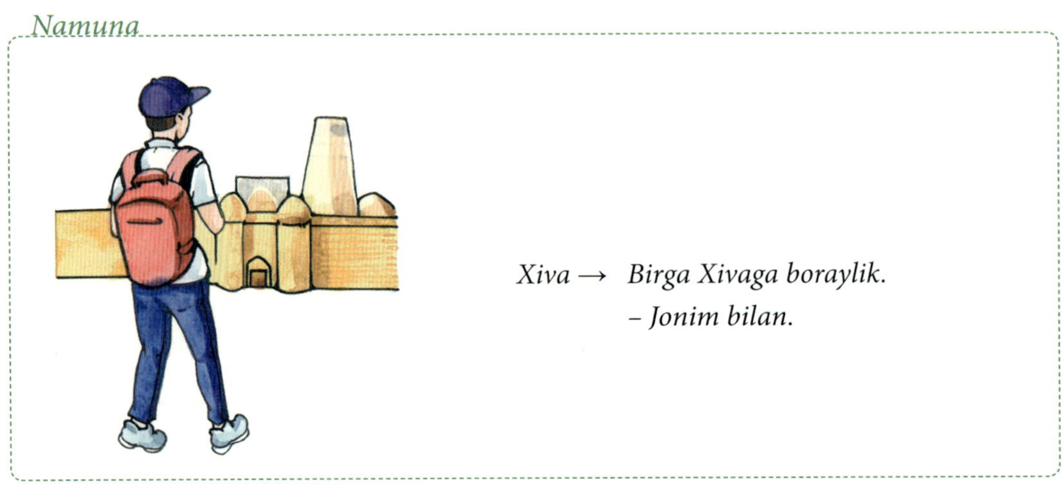

Xiva → *Birga Xivaga boraylik.*
– Jonim bilan.

1) nonushta
2) televizor
3) tennis
4) ashula

1) ____________________

2) ____________________

3) ____________________

4) ____________________

9. Namunaga qarab bajaring. 예문처럼 완성하세요.

Namuna

→ *Pasportingizni ko'rsating.*

1) 2) 3) 4)

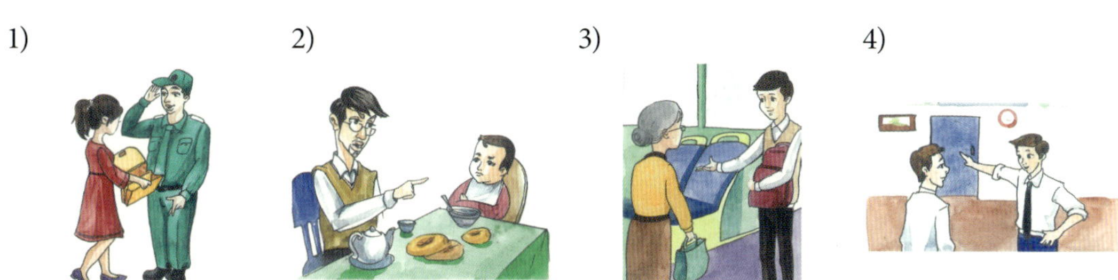

1) ______________________________

2) ______________________________

3) ______________________________

4) ______________________________

10. Namunaga qarab bajaring. 예문처럼 완성하세요.

Namuna

yordam berib yubormoq → Iltimos, yordam berib yuboring.

1) chiroqni yoqmoq → ____________________

2) eshikni yopmoq → ____________________

3) sekinroq gapirmoq → ____________________

4) ozgina kutib turmoq → ____________________

11. Namunaga qarab bajaring. 예문처럼 완성하세요.

Namuna

→ *Marhamat, iching.*

1) 2) 3) 4)

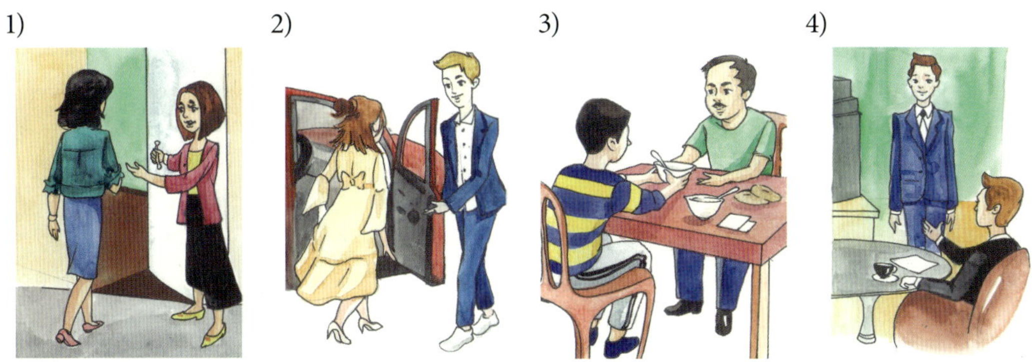

1) ______

2) ______

3) ______

4) ______

12. Namunaga qarab bajaring. 예문처럼 완성하세요.

Namuna

bu yerda → Bu yerda chekmang.

1) 2)  3)  4)

1) bu yerda → ____________________

2) bu yerda → ____________________

3) u yerda → ____________________

4) bu yerga → ____________________

13. Quyidagi talablar asosida buyruq-istak maylini qo'llab, gaplar tuzing.

아래에 지문을 읽고 그 내용에 따라 명령법을 사용하여 문장을 만들어 보세요.

Namuna

Chisudan kitobini sizga berib turishini iltimos qiling.
지수로부터 책을 받아 당신에게 전해줄 것을 부탁하세요.
→ *Chisu, iltimos, kitobingizni menga berib turing.*

1) Sangmindan rasmlarini ko'rsatishini iltimos qiling.
상민에게 그림/사진들을 보여줄 것을 요청하세요.
→

2) O'qituvchingizdan O'zbekiston tarixi haqida gapirib berishni iltimos qiling.
당신의 선생님께 우즈베키스탄 역사에 대해 말해줄 것을 부탁하세요.
→

3) Seyunga bu kitobni o'qishni tavsiya qiling. 세윤에게 이 책을 읽어보라 제안하세요.
→

4) Boburga dars qilishini ayting. 바부르에게 공부하라고 말하세요.
→

14. Berilgan namuna asosida dialoglar tuzing. 주어진 예문에 따라 대화를 만드세요.

Namuna

A: Soat 9, lekin hali Iroda uyga kelmadi. Men xavotir olyapman.
B: Xavotir olmang. U hozir keladi.

1) A: Hali Sangmin kelmadi. Men _____________.

B: _____________, u shanba kuni keladi.

2) A: Turmush o'rtog'im va qizim Yaponiyaga samolyotda boradilar.
Men __________________.

B: ____________________, samolyot juda qulay.

"B" mashqlar guruhi (연습문제 B) 

1. Dialogni do'stingiz bilan mashq qiling. 친구와 함께 대화를 연습하세요.

A: Sizga osh yoqadimi?

B: Ha, juda yoqadi.

A: Yaxshi. Unda birga Osh markaziga boraylik.

B: Jonim bilan.

1) o'zbek milliy taomlari
   "O'zbegim" oshxonasiga bormoq

2) tennis
   tennis o'ynamoq

3) ashula aytmoq
   karaokega bormoq

4) rasm ko'rmoq
   ko'rgazmaga bormoq

2. Dialogni do'stingiz bilan mashq qiling. 친구와 함께 대화를 연습하세요.

A: Menda kinoga 2 ta bilet bor. Birga boraylik.

B: Qachon?

A: Kelasi hafta chorshanba kuni.

B: Chorshanba kuni? Uzr, chorshanba kuni ishim bor edi. Kelasi safar, albatta, boraman.

A: Aaa. Shunaqami? Esiz.

1) futbol
   dars

2) teatr
   uchrashuv

3) konsert
   imtihon

3. Dialogni do'stingiz bilan o'qing va o'xshash dialog tuzing.

친구와 함께 대화를 연습한 후 비슷한 대화를 만들어 보세요.

TAKSIDA

A: Assalomu alaykum.

B: Vaalaykum assalom.

A: Qayerga borasiz?

B: Sharqshunoslik institutiga.

* * *

B: Iltimos, shu yerdan o'ngga qayriling.

A: O'nggami?

B: Ha, o'ngga.

* * *

A: Endi to'g'rigami?

B: Ha, to'g'riga yuring.

* * *

B: Iltimos, anavi binoning oldida to'xtang.

A: Xo'p bo'ladi. 7000 so'm.

B: Mana, marhamat.

A: Mana 3000 so'm qaytimingiz.

B: Rahmat!

A: Yaxshi boring.

Audiomashqlar (듣기 활동) 

1. Dialoglarni tinglang va to‘g‘ri javobni toping.

대화를 듣고 그림에서 정답을 찾으세요.

1)

a.

b.

c.

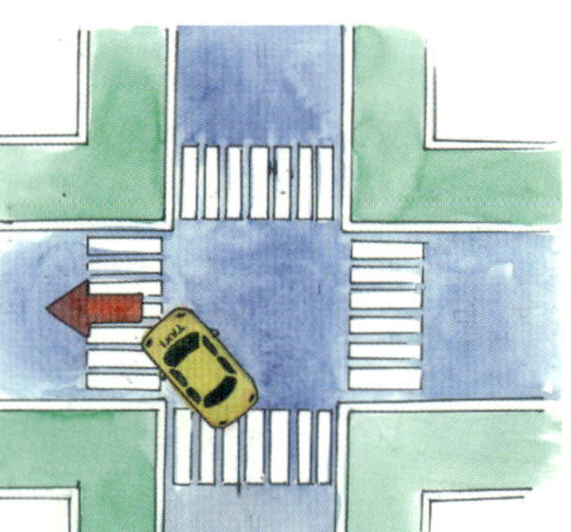

2)

a.

b.

c.

2. Tinglang va to‘g‘ri javobga O belgisini, noto‘g‘ri javobga X belgisini qo‘ying.

잘 듣고 정답에 O 표시를, 오답에 X 표시를 하세요.

1) (　　　)　　2) (　　　)　　3) (　　　)　　4) (　　　)

O‘qish (읽기 활동)

Matnni o‘qing. Berilgan gap to‘g‘ri bo‘lsa, O belgisini, noto‘g‘ri bo‘lsa, X belgisini qo‘ying. 지문을 읽고, 주어진 문장이 옳으면 O 표시를, 틀리면 X 표시를 하세요.

A: Assalomu alaykum.
B: Vaalaykum assalom.
A: Yaxshi qiz, kechirasiz, soat necha bo‘ldi?
B: Soat to‘rt yarim.
A: Yaxshi qiz, metro qaysi tomonda?
B: Hozir to‘g‘riga yuring, keyin chapga buriling. O‘sha yerda metroni ko‘rasiz.
A: Rahmat. Yaxshi qiz, bank qayerda?
B: To‘g‘riga yuring, keyin o‘ngga buriling, keyin yana to‘g‘riga yuring. U yerda katta bino bor. Bank o‘sha binoning birinchi qavatida.
A: Aaa… Rostdanmi? Yaxshi qiz, eng yaqin dorixona qayerda?
B: To‘g‘riga yuring, chapga buriling, metroni ko‘rasiz. Metroning oldida dorixona bor.
A: Rahmat. Mmm. Kechirasiz, avtobus bekati qayerda?
B: Siz qayerga borasiz? Metrogami, bankkami, dorixonagami yoki avtobus bekatigami?
A: Mmm… Kechirasiz… Yaxshi qiz, kinoteatr qayerda?
B: Nima??
A: Birga kinoga boraylik!

1) Soat 4 bo‘ldi. ( )
2) Bank katta binoning 1-qavatida. ( )
3) Metro dorixonaning oldida. ( )
4) Yigit dorixonaga boradi. ( )
5) Yigit qizni kinoga taklif qildi. ( )

RAMAZON OYI VA RO‘ZA 라마단 달과 금식

라마단은 이슬람력으로 한 해의 9번째 달로, 이슬람에서 알라(Alloh)가 예언자 무함마드(Muhammad payg‘ambar)에게 코란(Qur'on)을 계시해준 신성한 달이다. 라마단이 있는 달이면 무슬림들은 금식(ro‘za)하고자 한다. 우즈베키스탄에서도 상당수가 금식한다. 라마단 달에는 천국의 문이 열린다고 믿는데, 금식하는 사람은 새벽부터 하루가 저물 때까지 음식을 먹지 않고, 아무것도 마시지 않으며, 나쁜 말을 하지 않아야 한다. 만약 그러한 일을 하게 된다면, 금식은 깨지는 것으로 간주한다. 또한 라마단 달에 무슬림들은 주변의 어려운 환경에 처한 이들을 성심껏 돕는다.

Mohamed Seif el-Shazli, his son Ahmed and Hassan el-Zeneiny, caretaker of the al-Hussein Mosque, display the Uthman Quaran in the relics room of the mosque

MEMO

Salom!

부록
ILOVA

- 발음 연습: 자음과 모음
- 수(數)와 시간 표현
- 문법
- 듣기 활동 지문
- 정답
- 사전

Xayr!

Marhamat!

발음 연습: 자음과 모음

Tinglang, takrorlang, o'qing. 잘 듣고 따라 읽으세요.

1.

a	a-a-a
o	o-o-o
o'	o'-o'-o'
u	u-u-u
i	i-i-i
e	e-e-e

2.

a-o-a　o'-o-u　a-o-u　o-a-o'　u-o'-o　i-e-a

3.

a-a-a	i-i-i	o-o-a	u-a-u	e-i	o'-o'-o'
ana	ism	ona	u	men	ko'p
mana	ish	ota	uy	beshik	ko'z
taxta	idish	bola	uka	kelin	ko'l
talaba	ikki	xona	ular	teshik	ko'k
xat	bir	xonadon	bu	tekis	so'z
daftar	bilan	obod	shu		zo'r
katta		oqshom			

4.

Bu — xona. Mana — yozuv taxtasi. Bu — talaba. Bu — uy. Bu uy katta.

5.

k	ka	ko	ko‘	ku	ke	ki
	ka-ka-ka	ko-ko-ko	ko‘-ko‘-ko‘	ku-ku-ku	ke-ke-ke	ki-ki-ki
nok	aka	kotiba	ko‘p	kun	kema	ikki
eshik	uka	kosa	ko‘cha	kuz	kecha	kim
mushuk	kalit	do‘kon	ko‘z	kuchuk	kerak	kitob
laylak	kapalak	shifokor	ko‘k	kumush	keng	kichkina
		koptok			keyin	kiprik
		*kofe				

6.

Bu — xona. Mana bu — eshik. Bu — kalit. Bu xona katta.

Bu — ko‘cha. Bu — kitob. Bu kim?

7.

q	qa	qo	qo‘	qu	qi
	qa-qa-qa	qo-qo-qo	qo‘-qo‘-qo‘	qu-qu-qu	qi-qi-qi
qoshiq	qalam	qora	qo‘l	o‘quvchi	qiziqarli
qatiq	qalin	qovun	qo‘shni	quloq	o‘qituvchi

Mana bu — qalam.	Bu — qora qalam.	Bu — qo‘l.
Bu — yaxshi o‘quvchi.	Bu — o‘qituvchi.	Bu — quloq.

8.

r	ra	ro	ro‘	ru	re	ri
	ra-ra-ra	ro-ro-ro	ro‘-ro‘-ro‘	ru-ru-ru	re-re-re	ri-ri-ri
dars	rasm	orol	ro‘para	ruchka	reja	mehribon
hozir	deraza	orom	ro‘za	rubob	respublika	xarita

9.

Hozir dars. Bu — deraza. Mana bu — rasm. Bu — ruchka. Bu — xarita.
Bu — O‘zbekiston Respublikasi.

10.

chi	-mi	g‘	ss
o‘qituvchi	Anvar akami?	lug‘at	assalom
o‘quvchi	Feruzami?	g‘alati	hassa
sportchi	Chisumi?	g‘aynoli	issiq
elchi	Maktabmi?	g‘isht	rassom
elchixona		tog‘	
ishchi		bog‘	
chiroq			
chiroyli			
achchiq			
bu-chi			

da	la	sha
dada	mamlakat	shahar
dazmol	malla	shapka
parda	tanla	pashsha
xonada		shisha

-ri	-inchi	di
ari	birinchi	dil
bo‘ri	ikkinchi	ishlaydi
bolalari	uchinchi	uxlaydi
akalari		yuguradi
ukalari		*divan

g-k	g‘-q	u-o‘	x-h
eg - ek	bog‘- boq	kuch - ko‘ch	xam - ham
teg - tek	tog‘- toq	uch - o‘ch	xiyla - hiyla
barg - tark	tig‘- tiq	ur - o‘r	xol - hol

11.

bi

bilan
bino
kitobi
kitobimiz
*tabiat

ri

daftari
daftarim
daftarimiz
dori
dorixona

-ki

qishki
kechki
ichki
meniki
sizniki
uniki

ni

nima
nimaga
sizniki
bizniki

-si

xonasi
derazasi
akasi
ukasi

-ti

do'sti
do'stim
do'stimiz

-ng

do'sting
kitobing
derazang
dugonang

-ning

mening
sening
sizning
uning
bizning
sizlarning
ularning

-ngiz

ismingiz
do'stingiz
kitobingiz
ukangiz
otingiz
maktabingiz
o'g'lingiz
singlingiz

수(數)와 시간 표현

1. Sonlar

0	nol	100	yuz
1	bir	101	bir yuz bir
2	ikki	200	ikki yuz
3	uch	300	uch uch yuz
4	to'rt	400	to'rt yuz
5	besh	500	besh yuz
6	olti	600	olti yuz
7	yetti	700	yetti yuz
8	sakkiz	800	sakkiz yuz
9	to'qqiz	900	to'qqiz yuz
10	o'n		
11	o'n bir	1,000	ming
12	o'n ikki	1,001	bir ming bir
13	o'n uch	2,000	ikki ming
14	o'n to'rt	3,000	uch ming
15	o'n besh	4,000	to'rt ming
16	o'n olti	5,000	besh ming
17	o'n yetti	6,000	olti ming
18	o'n sakkiz	7,000	yetti ming
19	o'n to'qqiz	8,000	sakkiz ming
20	yigirma	9,000	to'qqiz ming
30	o'ttiz		
40	qirq	10,000	o'n ming

50	ellik
60	oltmish
70	yetmish
80	sakson
90	toʻqson

100,000	yuz ming
1,000,000	million
10,000,000	oʻn million
100,000,000	yuz million

3.6	uch butun oʻndan olti
3.64	uch butun yuzdan oltmish toʻrt
3.641	uch butun mingdan olti yuz qirq bir

½	ikkidan bir qismi
¾	toʻrtdan uch qismi

3:1	uch-u bir
2:4	ikki-yu toʻrt

2. Vaqtni ifodalash

kun 날/일(日)	ertalab 아침에	kunduzi 오후에	kechqurun 저녁에	kechasi 밤, 밤에
oʻtgan kuni 엊그제	oʻtgan kuni ertalab	oʻtgan kuni	oʻtgan kuni kechqurun	oʻtgan kuni kechasi
kecha 어제	kecha ertalab	kecha kunduzi	kecha kechqurun	kechasi (tunda)
bugun 오늘	bugun ertalab	bugun kunduzi	bugun kechqurun	bugun kechasi
ertaga 내일	ertaga ertalab	ertaga kunduzi	ertaga kechqurun	ertaga kechasi
indin 모레(에)	indin(ga) ertalab	indin(ga) kunduzi	indin(ga) kechqurun	indin(ga) kechasi
har kuni 매일	har kuni ertalab	har kuni kunduzi	har kuni kechqurun	har kecha
kun boʻyi 하루 종일				kechasi bilan (tuni bilan)

hafta 주	oy 달	yil 년
o'tgan hafta 지난 주	o'tgan oy(da) 저번 달	o'tgan yil(i) 작년
bu hafta 이번 주	bu oy(da) 이번 달	bu yil(i) 올해
kelasi hafta 다음 주	kelasi oy(da) 다음 달	kelasi yil(i) 내년
har hafta	har oy매주	har yili

Hafta kunlari 요일		Qachon? 언제 Qaysi kuni? 무슨 요일에?	
dushanba	월요일	dushanba kuni	월요일에
seshanba	화요일	seshanba kuni	화요일에
chorshanba	수요일	chorshanba kuni	수요일에
payshanba	목요일	payshanba kuni	목요일에
juma	금요일	juma kuni	금요일에
shanba	토 요일	shanba kuni	토요일에
yakshanba	일요일	yakshanba kuni	일요일에

Faslar 계절		Oylar 월(月)	
bahor	봄	yanvar	1월
yoz	여름	fevral	2월
kuz	가을	mart	3월
qish	겨울	aprel	4월
		may	5월
Vaqt 시간		iyun	6월
sekund (= soniya)	초	iyul	7월
minut (= daqiqa)	분	avgust	8월
soat	시간	sentabr	9월
kun	일, 하루	oktabr	10월
hafta	주	noyabr	11월
oy	달	dekabr	12월
yil	년		
asr	백 년, 세기		

oldin	전에
hozir	지금
keyin	후에

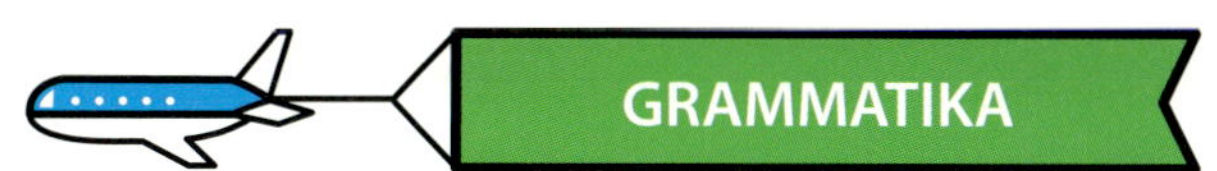

문법

1. 인칭대명사, 소유격 어미 활용표

인칭대명사의 소유격(-ning) 첨가 시	명사가 자음으로 끝날 때	명사가 모음으로 끝날 때
mening *	-im	-m
sening *	-ing	-ng
uning	-i	-si
bizning	-imiz	-miz
sizning/sizlarning	-ingiz	-ngiz
ularning	-lari	-lari
예	kitobim kitobing kitobi kitobimiz kitobingiz/kitoblaringiz kitobi/kitoblari	mashinam mashinang mashinasi mashinamiz mashinangiz/mashinalaringiz mashinasi/mashinalari

2. 현재-가까운 미래 시제 동사 활용표

<table>
<tr><th></th><th colspan="2">주어</th><th>동사어간</th><th>긍정</th><th>어미</th><th>의문</th></tr>
<tr><td rowspan="4">단수</td><td>1인칭(나)</td><td>Men</td><td rowspan="7">ishla+
o‘qi+</td><td rowspan="5">모음 -y
자음 -a</td><td>-man</td><td rowspan="7">mi?</td></tr>
<tr><td>2인칭(너)</td><td>Sen</td><td>-san</td></tr>
<tr><td>2인칭 존칭(당신)</td><td>Siz</td><td>-siz</td></tr>
<tr><td>3인칭(그, 그녀, 그것)</td><td>U</td><td>-di</td></tr>
<tr><td rowspan="3">복수</td><td>1인칭(우리)</td><td>Biz</td><td>-miz</td></tr>
<tr><td>2인칭(당신들, 여러분)</td><td>Sizlar</td><td rowspan="2">부정
ma+y</td><td>-siz(lar)</td></tr>
<tr><td>3인칭(그들, 그녀들, 그것들)</td><td>Ular</td><td>-dilar</td></tr>
</table>

위의 표에서 의문을 가리고 문장을 만들면 평서문이 된다. 부정문은 동사 어간 다음에 *-ma*를 첨가한 후 동사 변형한다.

이 규칙을 가지고 *o‘qimoq*(공부하다) 동사를 활용하여 다음 문장을 우즈베크어로 만들어 보자.

나는 집-에서 공부한다. → Men uy-da o‘qi-yman.

부정형으로 만들어보면,

그는 우즈베크어-를 공부 안 하니? → U o‘zbek tili-ni o‘qi-ma-ydi-mi?

3. 명사/형용사로 구성된 서술어 활용표

	주어		명사/형용사	부정	과거	인칭어미	의문
단수	1인칭(나)	Men				m	
	2인칭(너)	Sen				ng	
	2인칭 존칭(당신)	Siz				ngiz	
	3인칭(그, 그녀, 그것)	U	talaba band	emas+	edi+	-	+mi?
복수	1인칭(우리)	Biz				k	
	2인칭(너희들, 여러분)	Sizlar				ngiz	
	3인칭(그들, 그녀들, 그것들)	Ular				lar	

위의 표에서 부정을 가리고 문장을 만들면 긍정문이 되고, 의문을 가리고 문장을 만들면 평서문이 된다. 아래의 예문을 보자.

1) 어제 목요일이었어. → *Kecha payshanba edi.*
2) 1990년에 당신은 학생이었다. → *1990-yilda siz talaba edingiz.*
3) 당신은 기쁘지 않았었나요? → *Siz xursand emas edingiz-mi?*

> **기억하세요!**
> 띄어쓰기에 주의하자. 부정형 *-emas* 앞, 과거형 *-edi* 앞에는 띄어쓰기를 해야 한다.
> *Siz xursand*✓ *emas*✓ *edingizmi?*

4) 당신은 어제 어디 있었나요? → *Kecha (siz) qayerda edingiz?*

이 문장은 의문사 *qayer*를 사용한 의문문 과거형이다. *Siz qayerdasiz?* 문장의 시제를 과거형으로 바꾼 것으로, 괄호 안 주어 *siz*는 생략해도 가능하다. 서술어 *-edingiz?*에 주어가 *siz*라는 정보가 들어있기 때문이다.

4. 단순과거 시제 동사 활용표

	주어		동사 어간	부정	과거	인칭어미	의문
단수	1인칭(나)	Men	o'qi+ ishla+ bor+ ko'r+	ma+	di+	m	+mi?
	2인칭(너)	Sen				ng	
	2인칭 존칭(당신)	Siz				ngiz	
	3인칭(그, 그녀, 그것)	U				-	
복수	1인칭(우리)	Biz				k	
	2인칭(너희들, 여러분)	Sizlar				ngiz	
	3인칭(그들, 그녀들, 그것들)	Ular				(lar)	

위의 표에서 부정을 가리고 문장을 만들면 긍정문이 되고, 의문을 가리고 문장을 만들면 평서문이 된다. 예문으로 살펴보자.

1) 아침에 나는 신문을 읽었다. → *Ertalab men gazeta o'qidim.*
2) 어제 당신은 무엇을 하였습니까? → *Kecha siz nima qildingiz?*

5. 동사의 현재진행 *-yap-*

동사어간에 *-yap-*를 넣어 동사가 현재 진행 중임을 의미하게 된다. 예를 들어, '나는 지금 편지를 쓰고 있어.', '내 여동생은 지금 TV를 보고 있어.'를 현재 진행형으로 표현하게 되면 다음과 같다.

Men hozir xat yoz-yap-man. 나는 지금 편지를 쓰고 있다.
Singlim hozir televizor ko'r-yap-ti. 내 여동생은 지금 TV를 보고 있다.

아래 표는 동사 *ko'rmoq*을 인칭별로 변화시킨 것이다.

현재 진행형 시제 동사 활용표

	주어		동사 어간	진행	어미
단수	1인칭(나)	Men	ko'r+	yap+	man.
	2인칭(너)	Sen			san.
	2인칭 존칭(당신)	Siz			siz.
	3인칭(그, 그녀, 그것)	U			ti.
복수	1인칭(우리)	Biz			miz.
	2인칭(너희들, 여러분)	Sizlar			siz(lar).
	3인칭(그들, 그녀들, 그것들)	Ular			ti(lar).

기억하세요!

- 현재 진행형에서 인칭어미는 1형 동사 인칭어미(현재-가까운 미래 시제) 변화를 따르고 있는데, 3인칭(단, 복수)에서 *-(a)di*가 아닌 *-ti*로 쓰이는 것에 주의하자.
- 특정 동사는 현재 진행의 의미를 가지고 있더라도 *-yap-*를 쓰지 않고 다른 형태의 시제인 *-(i)b*을 사용한다. 아래 예문 2번이 여기에 해당된다.

당신은 지금 무엇에 대하여 생각하고 있나요? → *Siz hozir nima haqida o'ylayapsiz?*

단, *turmoq, o'tirmoq, yotmoq, yurmoq* 등 4개의 동사는 현재진행의 의미를 나타내고자 할 때 *-ib* 시제를 사용한다.

	주어		동사 어간	진행	어미
단수	1인칭(나)	Men	tur+ o'tir+ yot+ yur+	ib+	man.
	2인칭(너)	Sen			san.
	2인칭 존칭(당신)	Siz			siz.
	3인칭(그, 그녀, 그것)	U			di.
복수	1인칭(우리)	Biz			miz.
	2인칭(너희들, 여러분)	Sizlar			siz(lar).
	3인칭(그들, 그녀들, 그것들)	Ular			di(lar).

기억하세요!

만일 위의 네 개 동사에 *-yap-* 시제를 사용하게 되면, 그것은 동사가 진행되고 있는 그 상황을 의미하게 된다. 즉, *Men o'tiribman.*(나는 앉아 있어.)과 *Men o'tiryapman.*(나는 앉고 있는 동작을 하는 중이야.)의 의미 차이는 분명하다. 아래 그림을 통해 이해해보자.

o'tirmoq (앉다)

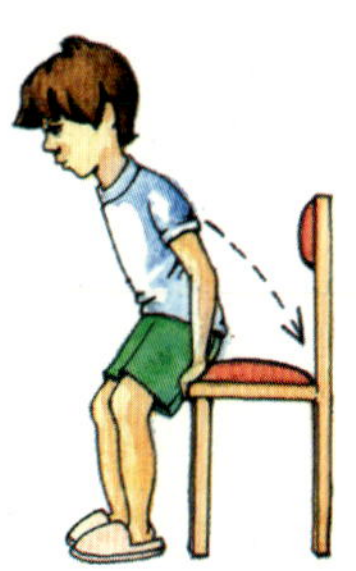

Men o'tiryapman.

VS

Men o'tiribman.

6. 2인칭 명령형 표

2인칭 sen (너)		2인칭 siz (당신)		2인칭 sizlar (당신들)	
Och.	Ochma.	Oching.	Ochmang.	Ochinglar.	Ochmanglar.
Qayt.	Qaytma.	Qayting.	Qaytmang.	Qaytinglar.	Qaytmanglar.
To'xta.	To'xtama.	To'xtang.	To'xtamang.	To'xtanglar.	To'xtamanglar.
긍정	부정	긍정	부정	긍정	부정

ochmoq 열다
qaytmoq 돌아오다
to'xtamoq 멈추다

7. 형용사 *bo'lmoq* 형태의 명령법

우즈베크어에서 '건강하세요', '조심하세요', '서두르세요' 등의 표현은 '형용사 *bo'lmoq*'의 형태로 만들어진다. 그러나 변화 형태는 동사의 명령법과 동일하다. 다음을 명령법으로 만들어 보자.

sog' bo'lmoq 건강하다
ehtiyot bo'lmoq 조심하다
kasal bo'lmoq 아프다
xavotir bo'lmoq 걱정하다

2인칭 sen (너)		2인칭 siz (당신)		2인칭 sizlar (당신들)	
Sog' bo'l.	Kasal bo'lma.	Sog' bo'ling.	Kasal bo'lmang.	Sog' bo'linglar.	Kasal bo'lmanglar.
Ehtiyot bo'l.	Xavotir bo'lma.	Ehtiyot bo'ling.	Xavotir bo'lmang.	Ehtiyot bo'linglar.	Xavotir bo'lmanglar.
Tezroq bo'l.	Xavotir bo'lma.	Tezroq bo'ling.	Xavotir bo'lmang.	Tezroq bo'linglar.	Xavotir bo'lmanglar.
긍정	부정	긍정	부정	긍정	부정

8. 시간 읽기 *-u(-yu)*

본문에서 배운 것 외에 다음과 같이 시간을 표현할 수 있다.

2시 15분 → *soat ikki o'n besh* 또는 *soat ikki–yu o'n besh*

11시 20분 → *soat o'n bir yigirma* 또는 *soat o'n bir-u yigirma*

즉, 시 단위의 숫자가 모음 또는 자음으로 끝나느냐에 따라, '모음*-yu*', '자음*-u*' 형태로 사용한다. 참고로, *-u(-yu)* 는 경기에서의 점수를 표시할 때 사용되기도 한다.

축구경기에서 2:4 (2대4) → *Futbol o'yinida 2:4 (ikki-yu to'rt).*

9. 후치사 *-uchun*

후치사 *-uchun*은 '~을 위해', '~ 때문에' 라는 뜻으로, 다음 예문에서와 같이 사용된다.

Mehmonlar uchun dasturxon yozildi.
손님들을 위해 식탁보가 놓여졌다. (음식이 차려졌다)

Gullar yaxshi o'sishi uchun suv quying.
꽃들이 잘 자라게(자라기 위하여) 물을 주세요.

10. 형용사

형용사는 명사를 수식해주거나 서술어에서 보어 역할을 한다.

1) 명사를 수식하는 역할
형용사-명사 순으로 쓴다.

chiroyli qiz, qiziqarli kino 어여쁜 소녀, 재미있는 영화

2) 보어 역할
주로 서술어에 위치하며 '~이다'의 뜻으로 해석된다.

Men xursandman./Men xursand emasman. 나는 기쁩니다./나는 기쁘지 않습니다.
Sen aqllisan./Sen aqlli emassan. 너는 똑똑하다./너는 똑똑하지 않다.
U baland./U baland emas. 그(그녀)는 키가 크다./그(그녀)는 키가 크지 않다.

또한, '형용사-명사'가 서술어에 위치하여 보어 역할도 할 수 있다.

Sen boy odamsan. 너는 부자가 아니다.
Biz yaxshi talabamiz. 우리는 훌륭한 학생들이다.
Ular mashhur ashulachilar. 그들은 유명한 가수들이다.

11. *bo'lmoq* 동사

'~이/가 되다'의 의미이며, 형용사나 명사, 또는 의문사와 같이 쓰인다. 다음 예를 보자.

Navro'z bayrami qanday bo'ladi? 나브로즈 명절은 어떠한가요?
Nima bo'ldi? 무슨 일이야?
Konsert juda qiziqarli bo'ldi. 콘서트가 무척 재밌구나.
Soat 5 da maktabda bo'laman. 5시에 학교에 있을 것입니다.
Ertaga darslar bo'lmaydi. 내일 수업은 없습니다.

12. 명사를 형용사로 만들어 주는 *-li, -siz*

oq kiyimli odam 흰 옷을 입은 사람
ko'zoynakli qiz 안경 쓴 여자
sutsiz kofe 우유가 들어가지 않은 커피
shakarsiz sut 설탕 넣지 않은 우유

13. 우즈베크어 격조사

1) 주격
우즈베크어는 한국어와 달리 주격조사가 없다.

Menø ishlayman. 나는 일합니다.

2) 소유격 *-ning*
우즈베크어에서 소유격은 *-ning*이다. (대)명사 끝에 *-ning*을 붙이면 '~의'가 된다.

Xona-ning derazasi qayerda? 방(의) 창문은 어디에 있습니까?

3) 여격 *-ga*
우즈베크어의 여격은 한국어에서 '~로, ~를 향해'의 의미를 가진다. 단어 뒤에 *-ga*라는 조사를 쓴다.

Men har kuni bozorga boraman. 나는 매일 시장에 갑니다.
U menga pul berdi. 그/그녀는 나에게 돈을 주었습니다.

여격조사 *-ga*는 '닮다'에도 쓰인다.

Ukam onamga o'xshaydi. 내 오빠/형은 엄마와 닮았다.

4) 처격 *-da*

처격은 사람 또는 물건의 위치(현재 그 주체가 있는 곳)를 가리킬 때 사용한다. 한국어로는 '~에, ~에서'라고 해석하면 된다. 조사는 단어가 자음으로 끝나든, 모음으로 끝나든 *-da*이다.

Men Koreyada yashayman. 나는 한국에서 살고 있다.
Daftar stolning ustida. 공책은 책상 위에 있다.

5) 탈격 *-dan*

탈격은 처음 지점(장소, 사람, 또는 무엇인가로부터 이탈되어 온 것)을 표현하는 데 사용된다. 탈격조사는 *-dan*이다. 영어의 from처럼, '~로부터'라고 해석하면 된다.

Bozordan olma sotib oldim. (나는) 시장에서 사과를 사왔다.
U mendan rus tilini o'rgandi. 그(녀)는 나한테 러시아어를 배웠다.

6) 목적격 *-ni*

우즈베크어에서 목적격 조사는 *-ni*이다. '~을(를)'로 해석하면 된다. 우즈베크어의 목적격은 동사의 직접 목적어를 표시한다. 목적격조사는 단어가 자음으로 끝나든 모음으로 끝나든 *-ni*가 된다.

Men kitob-ni o'qiyapman. 나는 책을 읽고 있다.

이때, 1, 2인칭 단수형 대명사 *men, sen*에서는 *i*만 붙인다.

meni, seni. 나를, 너를

듣기 활동 지문

1-DARS

1. 1) Bu daftarmi?
   2) Bu kompyutermi yoki fleshkami?
   3) Bu nima?
   4) Bu o‘qituvchimi?
   5) Bular kitoblarmi?

2. 1) A: Assalomu alaykum.
      B: Vaalaykum assalom.
   2) A: Katta rahmat.
      B: Arzimaydi.
   3) A: Mening ismim – Iroda.
      B: Mening ismim – Sangmin.
      A: Tanishganimdan xursandman.
      B: Men ham tanishganimdan xursandman.
   4) A: Xayr. Sog‘ bo‘ling.
      B: Xayr. Sog‘ bo‘ling.
   5) A: Kechirasiz.
      B: Hechqisi yo‘q.

3. 1) A: Bu daftarmi?
B: Yo'q, daftar emas. Kitob.
▲ Bu – daftar.
2) A: Bu Sangminmi?
B: Ha, Sangmin.
▲ Bu – Sangmin.
3) A: Bu stolmi yoki stulmi?
B: Bu – stul.
▲ Bu – stol.

2-DARS

1. 1) Kechirasiz, siz o'qituvchimisiz?
2) Ismingiz nima?
3) Siz italiyalikmisiz?
4) Siz talabamisiz?

2. 1) A: Anvar aka shifokormi?
B: Yo'q, shifokor emas, muhandis.
▲ Anvar aka – muhandis.
2) A: Assalomu alaykum. Ivanman. Rossiyadan keldim. Tanishganimdan xursandman.
B: Mening ismim – Feruza. Tanishganimdan xursandman. Men o'zbekistonlikman.
▲ Ivan o'zbekistonlik.
3) A: Anavi kishi kim?
B: Jon.
A: O'qituvchimi?
B: Yo'q, amerikalik talaba.
▲ Jon – amerikalik o'qituvchi.
4) A: Seyun, siz shifokormisiz?
B: Ha, shifokorman.
A: Sumiko ham shifokormi?

B: Yo'q, Sumiko – bank xodimi.

▲ Sumiko shifokor emas.

✓ 3-DARS

1. 1) Bu sizning jurnalingizmi?
   2) Bu kimning ko'zoynagi?
   3) Bu pullar menikimi?
   4) Bu Sangminning telefonimi?

2. 1) A: Ivan, bu sizning mashinangizmi?
      B: Ha, meniki
      ▲ Bu – Ivanning mashinasi.
   2) A: Bu Saraning kompyuterimi?
      B: Yo'q, Sangminning kompyuteri.
      A: Aaa. Shunaqami?
      ▲ Bu kompyuter Saraniki.
   3) A: Mana bu sumka Irodanikimi?
      B: Yo'q, Irodaning ukasi Boburniki.
      ▲ Bu sumka Irodaning ukasining sumkasi.

✓ 4-DARS

1. 1) Siz qayerliksiz?
   2) Bu qaysi shahar?
   3) Bu yer qayer?
   4) Siz qayerdasiz?
   5) Onangiz qayerda?
   6) Kechirasiz, "Ipak yo'li" banki qayerda?
   7) Sumkangiz necha pul turadi?

2. 1) A: Kechirasiz, O'zbekiston elchixonasi qayerda?
B: Chap tomonda.
A: Metro-chi?
B: To'g'rida.
A: Rahmat.
▲ Metro chap tomonda joylashgan.

2) A: Allo, Sangmin, kechirasiz, Ivan qayerda?
B: Sportzalda.
A: Siz ham sportzaldamisiz?
B: Ha.
A: Tushunarli.
▲ Sangmin sportzalda.

3) A: Allo, Seyun, kechirasiz, "Ipak yo'li" banki 1-qavatdami?
B: Yo'q, 2-qavatda.
A: Rahmat.
▲ Bank 1-qavatda.

4) A: Ismingiz nima?
B: Mening ismim – Lola.
A: Lora?
B: Yo'q, Lola.
A: Lola, necha yoshdasiz?
B: 21 yoshdaman.
▲ Lolaning yoshi 21 da.

5) A: Bu sharf necha pul turadi?
B: 22.000 so'm.
A: Bitta bering.
B: Marhamat.
▲ Sharf 27.000 so'm turadi.

5-DARS

1) A: Nima yeysizlar?

   B: Bizga ikkita lag'mon bering.

   A: Nima ichasizlar?

   B: Bitta kola bering.

2) A: Nima ichasilzar?

   B: Bizga bitta sprayt va to'rtta kofe bering.

6-DARS

1. 1) Soat necha bo'ldi?

   2) Mamlakatingizda do'konlar soat nechadan nechagacha ishlaydi?

   3) Har kuni soat nechada turasiz?

   4) Odatda soat nechada uxlaysiz?

   5) Shanba kuni ham o'qiysizmi?

2. 1) A: Jon, soat nechagacha ishlaysiz?

      B: Soat 5 gacha.

      A: Ertaga ham soat 5 gacha ishlaysizmi?

      B: Yo'q, ertaga soat 1 gacha ishlayman.

      ▲ Jon ertaga soat 5 gacha ishlaydi.

   2) A: Assalomu alaykum, bu Tabiat muzeyimi?

      B: Ha.

      A: Kechirasiz, qaysi kuni dam olasizlar?

      B: Har seshanba – dam olish kuni.

      A: Tushunarli. Rahmat.

      ▲ Tabiat muzeyi seshanba kuni ishlamaydi.

   3) A: Iroda, odatda universitetda darslar soat nechadan boshlanadi?

      B: Soat to'qqizdan.

      A: Soat nechada tugaydi?

B: Soat uch yarimda.

▲ Iroda universitetda soat 9 dan soat 5.30 gacha bo'ladi.

3. 1) A: Sara, ertaga nima qilasiz?

   B: Kutubxonada kitob o'qiyman.

   2) A: Lola, siz-chi?

   B: Tennis o'ynayman.

   3) A: Anna, siz-chi?

   B: Men uyda televizor ko'raman.

   4) A: Sumiko, siz ham uyda dam olasizmi?

   B: Yo'q, men basseynda suzaman.

7-DARS

1. 1) A: Seyun, kecha soat nechada uxladingiz?

   B: Soat 12 larda.

   A: Bugun soat nechada turdingiz?

   B: Soat 6 larda.

   ▲ Seyun 6 soat uxladi.

   2) A: Iroda, bugun ertalab nonushta qildingizmi?

   B: Ha, qildim.

   A: Nima yedingiz?

   B: Sut ichdim va non yedim.

   ▲ Iroda bugun nonushta qilmadi.

   3) A: Jon, shanba kuni nima qildingiz?

   B: Ertalab tennis o'ynadim.

   A: Kechqurun-chi?

   B: Do'stim bilan kinoteatrda kino ko'rdim.

   ▲ Jon shanba kuni kechqurun kinoteatrda kino ko'rdi.

2. 1) A: Sara, salom! Dam olish kunlarini yaxshi o'tkazdingizmi?

   B: Ha, yaxshi o'tkazdim. Siz-chi, Ivan?

   A: Men ham. Do'stlarim bilan kino ko'rdik. Juda qiziqarli edi.

2) A: Iroda, o'tgan hafta nima qildingiz?
   B: Dugonamning tug'ilgan kuni edi. Men u bilan uchrashdim.
   A: Unga sovg'a berdingizmi?
   B: Ha, albatta. Men unga chiroyli soat berdim.

3) A: Ertaga shanba. Anna, dam olish kunlari nima qilasiz?
   B: Uy tozalayman, kir yuvaman. Siz-chi, Jon?
   A: Men uyda dam olaman. Televizor ko'raman.
   B: Aaa. Shunaqami? Unda dam olish kunlarini yaxshi o'tkazing, Jon.
   A: Siz ham yaxshi o'tkazing, Anna.

4) A: Kumar, kecha qayerda tushlik qildingiz?
   B: Kecha men "O'zbek milliy taomlari" oshxonasida ovqatlandim.
   A: Zo'r-ku! Nimalar yedingiz?
   B: Somsa va palov yedim. Juda mazali edi.

✓ 8-DARS

1. 1) O'tgan hafta qayerga bordingiz?
   2) Odatda ishga nimada borasiz?
   3) O'tgan hafta kim bilan kinoteatrga bordingiz?
   4) Ertaga qayerga borasiz?
   5) Kecha onangiz qayerga bordi?

2. 1) A: Sangmin, yakshanba kuni qayerga bordingiz?
      B: Samarqandga bordim. Siz-chi, Iroda?
      A: Men hech qayerga bormadim. Uyda dam oldim.
      ▲ Sangmin hech qayerga bormadi.
   2) A: Ivan, siz qachon Xivaga borasiz?
      B: Ertaga ketaman.
      A: Bir o'zingiz borasizmi?
      B: Yo'q, Sara bilan boraman.
      A: Xivada nima qilasizlar?
      B: Mashhur joylarni ko'ramiz.
      ▲ Ertaga Ivan Sara bilan Xivaga ketadi.

3) A: Kumar, qayerliksiz?
   B: Hindistonlikman.
   A: Hindistonga qachon qaytasiz?
   B: Sentabrda qaytaman.
   ▲ Kumar oktabrda Hindistonga ketadi.
4) A: Bobur, shanba kuni qayerga bordingiz?
   B: Chimyon tog'iga bordim.
   A: U yerda nima qildingiz?
   B: Chang'i uchdim.
   ▲ Shanba kuni Bobur Buxoroda chang'i uchdi.

✓ 9-DARS

1. 1) Oilangiz kattami?
   2) O'zbek tili qiziqarlimi?
   3) Siz qanday talabasiz?
   4) Sizning shahringiz qanday shahar?
   5) Siz qanday mahallada yashaysiz?
   6) Kecha havo qanday edi?
   7) O'tgan hafta band edingizmi?

2. 1) A: Bugun havo juda issiq ekan.
   B: Ha, juda issiq.
   A: Koreyada ham iyunda havo issiqmi?
   B: Yo'q, uncha issiq emas, lekin dim.
   ▲ Koreyada iyunda havo dim.
   2) A: Sara, ertaga nima qilasiz?
   B: Dugonam bilan Toshkent teleminorasiga boraman.
   A: Rostdanmi? Men Toshkent teleminorasiga o'tgan hafta bordim.
   B: Qanaqa ekan?
   A: Juda baland va chiroyli ekan.
   ▲ Toshkent teleminorasi uncha baland emas, lekin chiroyli.

3) A: Toshkent shahri qanday shahar?
   B: Juda chiroyli va toza.
   A: Uylari qanaqa?
   B: Yaxshi, lekin juda qimmat.
   ▲ Toshkent shahridagi uylar yaxshi, lekin qimmat.
4) A: Ivan, bu sizning mashinangizmi?
   B: Ha, oʻtgan hafta sotib oldim.
   A: Sangminning mashinasidan kattaroq ekan-a?
   B: Ha, ozgina kattaroq.
   ▲ Ivanning mashinasi Sangminning mashinasidan ancha katta.

10-DARS

1. 1) Sizga qaysi oʻzbek milliy taomlari yoqadi?
   2) Sizga ashula aytish yoqadimi?
   3) Siz ovqat pishirishni yaxshi koʻrasizmi?
   4) Goʻshtni yaxshi korasizmi?
   5) Doʻstingiz nima qilishni yomon koʻradi?

2. 1) A: Feruza opa, turmush oʻrtogʻingiz qaysi sport turini yaxshi koʻradi?
   B: Futbolni juda yaxshi koʻradi.
   A: Siz qaysi sportni yaxshi koʻrasiz?
   B: Menga sport yoqmaydi.
   ▲ Feruza opaning turmush oʻrtogʻiga futbol yoqadi.
   2) A: Mana bu musiqa sizga yoqdimi?
   B: Men bu musiqani birinchi marta eshitdim. Uncha yoqmadi. Siz musiqa eshitishni yaxshi koʻrasizmi, Ivan?
   A: Ha, juda yaxshi koʻraman. Shuning uchun boʻsh vaqtimda har doim musiqa eshitaman.
   B: Qanday musiqalarni eshitasiz?
   A: Har xil musiqalarni eshitaman: mumtoz musiqa, jaz, estrada, rep, rok. Menga hamma musiqa yoqadi.
   ▲ Ivanga bu musiqa uncha yoqmadi.

3) A: Sara, dam olish kunlarida basseynga boramizmi?
B: Basseynga? Uzr... Sport bilan shugʻullanishni uncha yaxshi koʻrmayman.
A: Rostdanmi? Unda boʻsh vaqtingizda nima qilasiz?
B: Kitob oʻqiyman yoki kompyuter oʻynayman.
▲ Sara basseynda suzishni yaxshi koʻradi.

11-DARS

1. 1) A: Oybek koʻchasiga.
B: Xoʻp boʻladi.
A: Iltimos, shu yerdan chapga qayriling.
B: Xoʻp boʻladi.
2) A: Zontigingiz bormi?
B: Ha, bor.
A: Iltimos, berib turing.
B: Jonim bilan.

2. 1) A: Chisu, shanba kuni birga kinoga boraylik.
B: Jonim bilan. Qaysi kinoteatrga boramiz?
A: "Bahor" kinoteatriga boramiz.
▲ Shanba kuni Chisu kinoteatrga boradi.
2) A: Bugun birga tushlik qilaylik.
B: Kechirasiz, men roʻzadorman.
A: Voy, kechirasiz.
▲ Ular bugun birga tushlik qiladilar.
3) A: Iltimos, tezroq boʻling. Konsertga kech qolamiz.
B: Hozir, 5 minut.
A: Ahh.. 5 minutdan keyin konsert boshlanadi. Afsus.
▲ Ular konsertga kech qoldilar.
4) A: Iroda, siz ingliz tilini yaxshi bilasizmi?
B: Ha, albatta, men inglizcha yaxshi gapiraman. Siz-chi, Ivan?
A: Afsuski, uncha emas. Lekin nemischa yaxshi gapiraman.
▲ Ivan ingliz tilini yaxshi biladi.

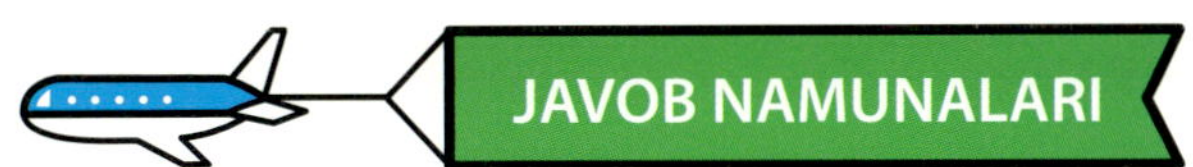

정답

1-DARS

"A" mashqlar guruhi (연습문제 A)

1. 1) A: Bu nima?
   B: Bu — yozuv taxtasi.

   2) A: Bu kim?
   B: Bu — Anvar aka.

   3) A: Bu nima?
   B: Bu — deraza.

   4) A: Bu kim?
   B: Bu — hamshira.

   5) A: Bu nima?
   B: Bu — daftar.

   6) A: Bu nima?
   B: Bu — sumka.

   7) A: Bu kim?
   B: Bu — o‘qituvchi.

   8) A: Bu nima?
   B: Bu — pul.

2. Stollar, stullar, xonalar, o‘qituvchilar, talabalar, o‘quvchilar, shifokorlar, muhandislar, chiroqlar, daftarlar, kitoblar, hamshiralar.

3. 1) A: Bu nima?
   B: Bu — xona.

   2) A: Bular nimalar?
   B: Bular — stullar.

   3) A: Bular kimlar?
   B: Bular — talabalar.

   4) A: Bu kim?
   B: Bu — o‘quvchi.

   5) A: Bu kim?
   B: Bu — shifokor.

   6) A: Bu kim?
   B: Bu — Anvar aka.

   7) A: Bu nima?
   B: Bu — chiroq.

4. 1) Ha, bu — uy. 2) Ha, bu — talaba. 3) Ha, bu — xat.
   4) Ha, bu — o‘qituvchi. 5) Ha, bu — stol. 6) Ha, bu — chiroq.
   7) Ha, bu — shkaf. 8) Ha, bu — kitob. 9) Yo‘q, bu stul emas, bu — yozuv taxtasi.
   10) Yo‘q, bu o‘qituvchi emas, bu — shifokor. 11) Ha, bu — eshik. 12) Yo‘q, bu universitet emas, bu — do‘kon.

7. 1) Bu kitobmi yoki jurnalmi? – Kitob.
   2) Bu “q”mi yoki “g” mi? – “g”.
   3) Bu birmi yoki yettimi? – Bir.
   4) Bu televizormi yoki kompyutermi? – Kompyuter.
   5) Bu Sangminmi yoki Seyunmi? – Sangmin.

Audiomashqlar (듣기 활동)

1. 1) Ha, bu — daftar.
   2) Bu — fleshka.
   3) Bu — sumka.
   4) Yo‘q, bu o‘qituvchi emas, bu — shifokor.
   5) Ha, bular kitoblar.

2. 1) 4 2) 1 3) 2 4) 3 5) 5

3. 1) X 2) O 3) X

2-DARS

“A” mashqlar guruhi (연습문제 A)

1. 1) -man 2) -siz 3) -miz 4) X 5) X 6) -san 7) -man 8) X

2. 2-1. 1) Ivan rossiyalik. 2) Men koreyalikman.
3) Biz xitoylikmiz. 4) Sizlar hindistonliksizlar.
5) Sen yaponiyaliksan. 6) Siz germaniyaliksiz.

2-2. 1) U shifokor. 2) Men talabaman.
3) Biz o'qituvchimiz. 4) Sizlar oshpazsizlar.
5) Sen o'quvchisan. 6) Siz jurnalistsiz.

3. 1) Ivan germaniyalik emas. 2) Men o'qituvchi emasman.
3) Biz rossiyalik emasmiz. 4) Sizlar jurnalist emassizlar.
5) Sen haydovchi emassan. 6) Siz aktrisa emassiz.

4. 1) Ivan rossiyalikmi?
– Ha, Ivan rossiyalik.
2) Men talabamanmi?
– Ha, siz talabasiz.
3) Biz yaponiyalikmizmi?
– Yo'q, sizlar yaponiyalik emassizlar.
4) Sizlar jurnalistmisizlar?
– Yo'q, biz jurnalist emasmiz.
5) Sen xitoylikmisan?
– Yo'q, men xitoylik emasman.
6) Siz oshpazmisiz?
– Yo'q, oshpaz emasman.

5. 1) Ha, Denis ham shifokor.
2) Yo'q, Sujin o'zbekistonlik emas.
3) Ha, ular ham italiyalik o'qituvchilar.

Audiomashqlar (듣기 활동)

1. 1) (*Namuna*) Yo'q, (men) o'qituvchi emasman.
2) (*Namuna*) Mening ismim — Sangmin.
3) (*Namuna*) Yo'q, (men) italiyalik emasman.
4) (*Namuna*) Ha, (men) talabaman.

2. 1) O 2) X 3) X 4) O

3-DARS

"A" mashqlar guruhi (연습문제 A)

1. Mening otam, sening otang, sizning otangiz, uning otasi, bizning otamiz, sizlarning otangiz, ularning otasi.
   Mening sinfim, sening sinfing, sizning sinfingiz, uning sinfi, bizning sinfimiz, sizlarning sinfingiz, ularning sinfi.
   Mening xonam, sening xonang, sizning xonangiz, uning xonasi, bizning xonamiz, sizlarning xonangiz, ularning xonasi.
   Mening universitetim, sening universiteting, sizning universitetingiz, uning universiteti, bizning universitetimiz, sizlarning universitetingiz, ularning universiteti.
   Mening daftarim, sening daftaring, sizning daftaringiz, uning daftari, bizning daftarimiz, sizlarning daftaringiz, ularning daftari.
   Mening derazam, sening derazang, sizning derazangiz, uning derazasi, bizning derazamiz, sizlarning derazangiz, ularning derazasi.
   Mening jurnalim, sening jurnaling, sizning jurnalingiz, uning jurnali, bizning jurnalimiz, sizlarning jurnalingiz, ularning jurnali.
   Mening gazetam, sening gazetang, sizning gazetangiz, uning gazetasi, bizning gazetamiz, sizlarning gazetangiz, ularning gazetasi.
   Mening lug'atim, sening lug'ating, sizning lug'atingiz, uning lug'ati, bizning lug'atimiz, sizlarning lug'atingiz, ularning lug'ati.
   Mening ismim, sening isming, sizning ismingiz, uning ismi, bizning ismimiz, sizlarning ismingiz, ularning ismi.
   Mening familiyam, sening familiyang, sizning familiyangiz, uning familiyasi, bizning familiyamiz, sizlarning familiyangiz, ularning familiyasi.
   Mening buvim, sening buving, sizning buvingiz, uning buvisi, bizning buvimiz, sizlarning buvingiz, ularning buvisi.
   Mening amakim, sening amaking, sizning amakingiz, uning amakisi, bizning amakimiz, sizlarning amakingiz, ularning amakisi.
   Mening xolam, sening xolang, sizning xolangiz, uning xolasi, bizning xolamiz, sizlarning xolangiz, ularning xolasi.

Mening oilam, sening oilang, sizning oilangiz, uning oilasi, bizning oilamiz, sizlarning oilangiz, ularning oilasi.
Mening qulog'im, sening qulog'ing, sizning qulog'ingiz, uning qulog'i, bizning qulog'imiz, sizlarning qulog'ingiz, ularning qulog'i.
Mening ko'zoynagim, sening ko'zoynaging, sizning ko'zoynagingiz, uning ko'zoynagi, bizning ko'zoynagimiz, sizlarning ko'zonagingiz, ularning ko'zoynagi.
Mening sharfim, sening sharfing, sizning sharfingiz, uning sharfi, bizning sharfimiz, sizlarning sharfingiz, ularning sharfi.
Mening shapkam, sening shapkang, sizning shapkangiz, uning shapkasi, bizning shapkamiz, sizlarning shapkangiz, ularning shapkasi.
Mening auditoriyam, sening ayditoriyang, sizning auditoriyangiz, uning auditoriyasi, bizning auditoriyamiz, sizlarning auditoriyangiz, ularning auditoriyasi.
Mening qarindoshim, sening qarindoshing, sizning qarindoshingiz, uning qarindoshi, bizning qarindoshimiz, sizlarning qarindoshingiz, ularning qarindoshi.
Mening itim, sening iting, sizning itingiz, uning iti, bizning itimiz, sizlarning itingiz, ularning iti.

2. 1) akam 2) otangiz 3) daftaringizmi 4) shapkang
5) o'qituvchimiz 6) oilasi 7) lug'atingizmi 8) onam
9) universitetimiz 10) singlingiz 11) gazetangizmi 12) maktabi
13) kitobim 14) ishxonangizmi

3. 1) e 2) f 3) a 4) b 5) c 6) d

5. 1) Bu sumka meniki. 2) Bu mashina bizniki.
3) Bu tufli sizniki. 4) Bu uy ularniki.
5) Bu kitoblar sizlarniki. 6) Bu ko'zoynak meniki.
7) Bu palto uniki. 8) Bu ko'ylak Seyunniki.

6. 6-1. 1) bu jurnal meniki 2) bu ruchka Chisuniki
3) bu palto Irodaniki 4) bu mashina otamniki
5) bu pasport meniki

6-2. 1) mening ruchkam
2) mening oyim
3) opamning oʻgʻli
4) doʻstimning amakisi

7. 1) (*Namuna*) mening kalitim emas, Sangminning kaliti
2) (*Namuna*) mening opam emas, dugonamning opasi
3) (*Namuna*) Anvar akaning sumkasi emas, mening sumkam
4) (*Namuna*) meniki emas, doʻstimniki
5) (*Namuna*) meniki emas, sizniki

8. 1) Bu kimning telefoni?
– Bu — Ivanning telefoni.
2) Bu kimning zontigi?
– Bu — Feruza opaning zontigi.
3) Bu kimning koʻzoynagi?
– Bu — Seyunning koʻzoynagi.
4) Bu kimning mashinasi?
– Bu — otamning mashinasi.
5) Bu kimning xonasi?
– Bu — ukamning xonasi.

9. 1) Bu telefon Ivannikimi?
– Ha, Ivanniki.
2) Bu zontik Irodanikimi?
– Yoʻq, Irodaniki emas.
3) Bu koʻzoynak Seyunnikimi?
– Ha, Seyunniki.
4) Bu mashina akangiznikimi?
– Yoʻq, akamniki emas.
5) Bu xona siznikimi?
– Yoʻq, meniki emas.

10. 1) Bu telefon kimniki?
– Ivanniki.
2) Bu zontik kimniki?
– Feruza opaniki.
3) Bu koʻzoynak kimniki?
– Seyunniki.
4) Bu mashina kimniki?
– Otamniki.
5) Bu xona kimniki?
– Ukamniki.

Audiomashqlar (듣기 활동)

1. 1) (*Namuna*) Ha, bu — mening jurnalim.
   2) (*Namuna*) Bu — otamning koʻzoynagi.
   3) (*Namuna*) Yoʻq, (bu pullar) Saraniki.
   4) (*Namuna*) Yoʻq, bu — mening telefonim.

2. 1) O　2) X　3) O

4-DARS

"A" mashqlar guruhi (연습문제 A)

1. 1) Non necha pul turadi? – 1500 (bir ming besh yuz) soʻm.
   2) Shapka necha pul turadi? – 30.000 (oʻttiz ming) soʻm.
   3) Zontik necha pul turadi? – 35.000 (oʻttiz besh ming) soʻm.
   4) Soat necha turadi? – 80.000 (sakson ming) soʻm.
   5) Palto necha pul turadi? – 250.000 (ikki yuz ellik ming) soʻm.
   6) Suv necha pul turadi? – 1500 (bir ming besh yuz) soʻm.
   7) Fotoapparat necha pul turadi? – 400.000 (toʻrt yuz ming) soʻm.

2. 1) Bu yer — ishxona.　2) Bu yer — bank.
   3) Bu yer — stadion.　4) Bu yer — muzey.

3. 1) Telefon qayerda? – Anavi yerda.　2) Sportzal qayerda? – Anavi yerda.　3) Sangmin qayerda? – Anavi yerda.

4. 1) Hojatxona qayerda? – 1-qavatda.　2) Koʻzoynak qayerda? – Stolda.
   3) Kompyuter qayerda? – Ishxonada.　4) Dorixona qayerda? – Anavi yerda.

5. 1) Qayerdasiz? – Kinoteatrdaman.　2) Men qayerdaman? – Shifoxonadasiz.　3) Iroda qayerda? – Kutubxonada.

4) Sara qayerda?
– Bozorda.

5) (Siz) qayerdasiz?
– Uydaman.

6) Sizlar qayerdasizlar?
– Stadiondamiz.

7) Sizlar qayerdasizlar?
– Restorandamiz.

8) Feruza va Salima qayerda (lar)?
– Teatrda(lar).

9) Anvar aka va Sangmin qayerda (lar)?
– Kutubxonada(lar).

6. 1) (*Namuna*) Sumkamda. 2) (*Namuna*) Uyda. 3) (*Namuna*) Seulda.

Audiomashqlar (듣기 활동)

1. 1) (*Namuna*) (Men) amerikalikman.
   2) (*Namuna*) Bu — Samarqand shahri.
   3) (*Namuna*) Bu yer — kinoteatr.
   4) (*Namuna*) (Men) kutubxonadaman.
   5) (*Namuna*) (Onam) do'konda.
   6) (*Namuna*) ("Ipak yo'li" banki) Afrosiyob ko'chasida.
   7) (*Namuna*) (Sumkam) 200.000 so'm (turadi).

2. 1) X 2) O 3) X 4) O 5) X

5-DARS

"A" mashqlar guruhi (연습문제 A)

1. 1) Bir ming to'qqiz yuz oltmish birinchi yil o'ttizinchi iyul
   2) Bir ming to'qqiz yuz qirq birinchi yil yigirma sakkizinchi fevral
   3) Ikki ming uchinchi yil o'n to'qqizinchi aprel
   4) Bir ming to'qqiz yuz sakson sakkizinchi yil o'n beshinchi mart
   5) Ikki ming o'n yettinchi yil o'n birinchi may

2. 1) (*Namuna*) Yo'q, mashinam yo'q. 2) (*Namuna*) Ha, noutbugim bor.
   3) (*Namuna*) Yo'q, itim yo'q. 4) (*Namuna*) Ha, mushugim bor.
   5) (*Namuna*) Ha, velosipedim bor. 6) (*Namuna*) Yo'q, fotoapparatim yo'q.
   7) (*Namuna*) Ha, akam bor. 8) (*Namuna*) Yo'q, vaqtim yo'q.

3. 1) Mening kompyuterim bor.
   2) Sizning soatingiz bormi?
   3) Uning ukasi bor.
   4) Sizlarning lugʻatlaringiz bormi?
   5) Bizning itimiz bor.

4. 1) Mashinangiz bormi? – Ha, mashinam bor. (– Yoʻq, mashinam yoʻq.)
   2) Soatingiz bormi? – Ha, soatim bor. (– Yoʻq, soatim yoʻq.)
   3) Ukangiz bormi? – Ha, ukam bor. (– Yoʻq, ukam yoʻq.)
   4) Kalitingiz bormi? – Ha, kalitim bor. (– Yoʻq, kalitim yoʻq.)
   5) Telefoningiz bormi? – Ha, telefonim bor. (– Yoʻq, telefonim yoʻq.)

5. 1) Sangminning velosipedi bormi? – Ha, Sangminning velosipedi bor.
   2) Sangminning printeri bormi? – Yoʻq, Sangminning printeri yoʻq.
   3) Sangminning puli bormi? – Ha, Sangminning puli bor.
   4) Sangminning kompyuteri bormi? – Ha, Sangminning kompyuteri bor.
   5) Sangminning mushugi bormi? – Yoʻq, Sangminning mushugi yoʻq.
   6) Sangminning koʻzoynagi bormi? – Ha, Sangminning koʻzoynagi bor.
   7) Sangminning zontigi bormi? – Yoʻq, Sangminning zontigi yoʻq.

7. 1) ikkita bilet
   2) beshta olma
   3) toʻrtta kola
   4) bitta qovun
   5) beshta kitob
   6) ikkita kofe

9. 1) Yoʻq, xonada oltita deraza bor.
   2) Yoʻq, stolda beshta olma bor.
   3) Yoʻq, xonadonimda uchta xona bor.
   4) Yoʻq, bu xonada oltita stul bor.

11. 1) Menda dori bor. Beraymi?
    2) Menda ruchka bor. Beraymi?

Audiomashqlar (듣기 활동)

1) b 2) c

6- DARS

"A" mashqlar guruhi (연습문제 A)

1. 1) Soat to'rt-u besh. 2) Soat o'n ikki yarim.
   3) Soat sakkiz-u o'ttiz besh. 4) Soat o'n-u ellik besh.

2. 1) Payshanba bo'ladi. 2) Seshanba edi.

3. 1) Ertaga qaysi kun? – Ertaga chorshanba.
   2) Majlis qachon? – Dushanba kuni.
   3) O'zbek tili darsi qachon? – Chorshanba kuni.
   4) Dam olish kunlari qachon? – Shanba va yakshanba kunlari.

5. 1) Men Seulda yashayman.
   2) U maktabda o'qiydi.
   3) Biz shifoxonada ishlaymiz.
   4) Ular Samarqandda yashaydilar.
   5) Men odatda erta turaman.
   6) Ertaga onam uyda dam oladilar.
   7) Sizlar bugun kechqurun kitob o'qiysizlarmi?
   8) Dam olish kunlari nima qilasiz?
   9) Bu yakshanba kuni men do'stlarim bilan futbol o'ynayman.

6. 1) Feruza opa maktabda ishlaydi.
   2) Akam — muhandis. U zavodda ishlaydi.
   3) Xolamning qizi hali yosh. U maktabda o'qiydi.
   4) Anvar aka va Feruza opa Toshkentda yashaydilar.

7. 1) Men ertaga tennis o'ynayman.
   2) Sangmin har kuni kechqurun futbol o'ynaydi.
   3) Feruza opa bugun kechqurun dam oladi.
   4) Siz har kuni kitob o'qiysiz.

8. 1) o'qimaydi 2) yashamaydi
3) ichmaydi 4) ko'rmaydi

9. 1) Yo'q, o'qimayman. 2) Ha, ishlayman.
3) Ha, o'ynayman. 4) Yo'q, ichmayman.

10. 1) Odatda soat nechada uxlaysiz? – Soat 11 larda uxlayman.
2) Ertaga soat nechada turasiz? – Soat 6.30 larda turaman.
3) Bugun kechqurun soat nechada uxlaysiz? – Soat 12 larda uxlayman.
4) Shanba kuni soat nechada turasiz? – Soat 11 larda turaman.

11. 1) Pochta soat nechadan nechagacha ishlaydi? – Soat 9 dan soat 6 gacha ishlaydi.
2) Kutubxona soat nechadan nechagacha ishlaydi? – Soat 9 dan soat 7 gacha ishlaydi.
3) Do'kon soat nechadan nechagacha ishlaydi? – Soat 8 dan soat 10 gacha ishlaydi.
4) Elchixona soat nechadan nechagacha ishlaydi? – Soat 9.30 dan soat 6 gacha ishlaydi.

12. 1) Har kuni soat nechadan soat nechagacha ishlaysiz? – Soat 9 dan soat 6 gacha ishlayman.
2) Odatda soat nechadan soat nechagacha tushlik qilasiz? – Soat 1 dan soat 2 gacha tushlik qilaman.
3) Shanba kuni soat nechadan soat nechagacha ishlaysiz? – Soat 9 dan soat 12 gacha ishlayman.
4) Odatda soat nechadan soat nechagacha uxlaysiz? – Soat 11dan soat 7 gacha uxlayman.

Audiomashqlar (듣기 활동)

1. 1) (*Namuna*) Soat 3.00 (bo'ldi).
2) (*Namuna*) (Mamlakatimda do'konlar) soat 10 dan soat 8 gacha ishlaydi.
3) (*Namuna*) (Har kuni) soat 7 larda turaman.
4) (*Namuna*) Odatda soat 11 larda uxlayman.
5) (*Namuna*) Yo'q, shanba kuni o'qimayman.

2. 1) X 2) O 3) X

3. 1) d 2) e 3) a 4) c

O'qish (읽기 활동)

1. 1) Spektakl 22-may kuni soat 18.00da bo'ladi.
   2) Spektakl Hamza teatrida bo'ladi.
   3) "Oltin devor" spektakli bo'ladi.
   4) Chipta 15.000 so'm turadi.

2. 1) O 2) X 3) X 4) O 5) X

✓ 7-DARS

"A" mashqlar guruhi (연습문제 A)

1. 1) U quruvchi edi.
   2) Chisu hamshira edi.
   3) Biz talaba edik.
   4) Siz ishchi edingiz.
   5) Men uyda edim.
   6) Bobur maktabda edi.
   7) Iroda universitetda edimi?
   8) Biz teatrda edik.
   9) Siz kasal edingizmi?
   10) U chiroyli edi.

2. 1) edim 2) edi 3) edi 4) edik 5) edi 6) edim 7) edingiz

3. 1) O'tgan hafta men band edim.
   2) Imtihon qiyin edi.
   3) Konsert uncha qiziqarli emas edi.
   4) Kecha havo uncha sovuq emas edi.

4. 1) ichdim, ichding, ichdingiz, ichdi, ichdik, ichdingiz, ichdi(lar)
   2) yedim, yeding, yedingiz, yedi, yedik, yedingiz, yedi(lar)
   3) kitob o'qidim, kitob o'qiding, kitob o'qidingiz, kitob o'qidi, kitob o'qidik, kitob o'qidingiz, kitob o'qidi(lar)
   4) o'rgandim, o'rganding, o'rgandingiz, o'rgandi, o'rgandik, o'rgandingiz, o'rgandi(lar)
   5) uchrashdim, uchrashding, uchrashdingiz, uchrashdi, uchrashdik, uchrashdingiz, uchrashdi(lar)

5. 1) Kecha men qahva ichdim.
   2) Kecha men kitob o'qidim.
   3) Kecha men do'stim bilan uchrashdim.
   4) Kecha men uyimni tozaladim.
   5) Kecha men oshxonada ovqatlandim.
   6) Kecha men kinoteatrda kino ko'rdim.

6. 1) Men ham o'tgan yili Taylandda dam oldim. / Men ham.
   2) Men ham seshanba kuni qiziqarli film ko'rdim. / Men ham.
   3) Men ham kecha kechqurun palov yedim. / Men ham.
   4) Men ham yakshanba kuni futbol o'ynadim. / Men ham.
   5) Men ham o'tgan yakshanba kuni do'stlarim bilan uchrashdim. / Men ham.

7. 1) (*Namuna*) Men (esa) televizor ko'rmadim, kitob o'qidim.
   2) (*Namuna*) Men (esa) jurnal o'qimadim, xonamni tozaladim.
   3) (*Namuna*) Men (esa) kechqurun musiqa eshitmadim, kino ko'rdim.
   4) (*Namuna*) Men (esa) kecha dam olmadim, ishladim.
   5) (*Namuna*) Men (esa) ertalab fransuzcha gazeta o'qimadim, inglizcha gazeta o'qidim.
   6) (*Namuna*) Men (esa) kunduzi bog'da sayr qilmadim, uyda uxladim.
   7) (*Namuna*) Men (esa) yakshanba kuni tennis o'ynamadim, do'stim bilan uchrashdim.

8. 1) Kecha siz dars qildingiz.
   2) Kecha biz kinoteatrda kino ko'rdik.
   3) Kecha Sangmin sport bilan shug'ullandi.
   4) Kecha Chisu va Feruza opa uchrashdilar.

9. 1) Kecha kechqurun nima qildingiz? – Dars qildim.
   2) Ertaga nima qilasiz? – Televizor ko'raman.
   3) Bugun ertalab nima qildigiz? – Tennis o'ynadim.
   4) Har payshanba kuni nima qilasiz? – Palov yeyman.

10. 1) Ertaga nima qilasiz? – Dars qilaman. Keyin bozorda ishlayman.
    2) Kelasi hafta shanba kuni nima qilasiz? – Do'stim bilan oshxonada ovqatlanaman. Keyin futbol o'ynayman.
    3) O'tgan yakshanba kuni nima qildingiz? – Kino ko'rdim. Keyin dars qildim.

Audiomashqlar (듣기 활동)

1. 1) O 2) X 3) O
2. 1) c 2) b 3) a 4) b

O'qish (읽기 활동)

1) X 2) O 3) X 4) O 5) X

8-DARS

"A" mashqlar guruhi (연습문제 A)

1. 1) Men pochtaga boraman. 2) Siz bozorga borasiz.
   3) Anvar aka Xivaga boradi. 4) Biz kinoteatrga boramiz.

2. 1) Ota-onangiz o'tgan oyda qayerga bordilar? – Ispaniyaga bordilar.
   2) Sizlar kecha kechqurun qayerga bordingiz? – Do'konga bordik.
   3) Chisu kelasi hafta qayerga boradi? – Xivaga boradi.
   4) Siz o'tgan hafta yakshanba kuni qayerga bordingiz? – Hech qayerga bormadim.

3. 1) Sizlar universitetga nimada borasizlar? – Avtobusda boramiz.
   2) Chisu Xivaga nimada boradi? – Samolyotda boradi.
   3) Ular Jeju oroliga nimada boradi? – Kemada boradi.
   4) Ukangiz maktabga nimada boradi? – Piyoda boradi.

4. 1) Siz muzeyga kim bilan bordingiz? – Rafiqam bilan bordim.
   2) Bobur do'konga kim bilan bordi? – Opasi bilan bordi.
   3) Siz Chimyon tog'iga kim bilan bordingiz? – Kursdoshlarim bilan bordim.
   4) Chisu Italiyaga kim bilan bordi? – Oilasi bilan bordi.

5. 1) O'zbekiston milliy universitetiga qachon borasiz? – 2-sentabrda boraman.
   2) Angliyaga qachon borasiz? – Kelasi yil fevral oyida boraman.
   3) Farg'onaga qachon borasiz? – Kelasi oyda boraman.
   4) Shifoxonaga qachon borasiz? – Shu hafta juma kuni boraman.

6. 1) Rafiqam bilan keldim. 2) Qozog'istonga bordim.
   3) Samolyotda bordim. 4) 17-noyabrda qaytaman.

Audiomashqlar (듣기 활동)

1. 1) (*Namuna*) (O'tgan hafta) Samarqandga bordim.
   2) (*Namuna*) (Odatda ishga) metroda boraman.
   3) (*Namuna*) (O'tgan hafta) do'stim bilan kinoteatrga bordim.
   4) (*Namuna*) (Ertaga men) kutubxonaga boraman.
   5) (*Namuna*) (Kecha onam) do'konga bordi.

2. 1) X 2) O 3) X 4) X

O'qish (읽기 활동)

1) O 2) X 3) O 4) X 5) X 6) O 7) O 8) X

9-DARS

"A" mashqlar guruhi (연습문제 A)

1. 1) Tog'da daraxtlar oz.
   2) Daryoda suv ko'p.
   3) Uning do'stlari ko'p.
   4) Avtobusda odamlar oz.
   5) Ko'chada do'konlar ko'p.
   6) Guldonda gullar ko'p.
   7) Yo'lda mashinalar oz.
   8) Mening pulim ko'p.

2. 1) Jon aqlli.
   2) Men xursandman.
   3) Osh shirin.
   4) Seyun oqko'ngil.

3. 1) Bu shahar katta emas. Bu shahar kichkina.
   2) Bu kino eski emas. Bu kino yangi.
   3) Bu matn oson emas. Bu matn qiyin.
   4) Bu mashq qiyin emas. Bu mashq oson.
   5) Bu mashina yaxshi emas. Bu mashina yomon.
   6) Bu jurnal yangi emas. Bu jurnal eski.
   7) Bu ruchka arzon emas. Bu ruchka qimmat.

4. 1) Men xafa emasman.
   2) Siz band emassiz.
   3) O'zbek tili qiyin emas.
   4) Bizning universitet kichkina emas.
   5) Universitetimizning oshxonasi yomon emas.

5. 1) Universitetning oshxonasi arzonmi? – Ha, universitetning oshxonasi arzon.
   2) Seyun semizmi? – Yo'q, Seyun semiz emas.
   3) Bu uy qimmatmi? – Ha, bu uy juda qimmat.
   4) Bu ovqat mazalimi? – Yo'q, bu ovqat uncha mazali emas.

6. 1) Bu oshxonaning ovqatlari qanday? – Qimmat va shirin.
   2) Universitetning yotoqxonasi qanday? – Eski, lekin qulay.
   3) O'zbekistonda mevalar qanday? – Arzon, lekin shirin.
   4) Toshkent shahri qanday? – Toza va chiroyli.
   5) Bu divan qanday? – Katta, lekin noqulay.

7. 1) Samarqand qanday shahar? – Qadimiy shahar.
   2) O'zbekiston milliy universiteti qanday universitet? – Eski universitet.
   3) Koreya qanday mamlakat? – Chiroyli mamlakat.
   4) "Shum bola" qanday film? – Qiziqarli film.
   5) Chimyon tog'i qanday tog'? – Baland tog'.

8. 8-1. 1) Kecha kechqurun siz bo'sh edingizmi?
   2) O'tgan hafta bu yerda odam ko'p edi.
   3) Yakshanba kuni siz band edingizmi?
   4) Oldin bu mahalla tinch mahalla edi.

   8-2. 1) O'tgan hafta men band emas edim.
   2) Spektakl qiziqarli emas edi.
   3) Oldin bu shaharda turistlar ko'p emas edi.
   4) O'tgan hafta sizning xonangiz toza emas edi.

9. 1) Irodaning sochi uzunroq.
   2) Divan qulayroq.
   3) Oq ko'ylak qimmatroq.
   4) Sangminning sumkasi og'irroq.

10. 1) Umida Sevaradan kattaroq.
    2) Umida Sevaradan aqlliroq.
    3) Umidaning puli Sevaraning pulidan ko'proq.
    4) Umidaning sochi Sevaraning sochidan uzunroq.

11. 1) Boburning onasi Farhodning onasidan yosh.
    2) Mening fotoapparatım sızning fotoapparatingizdan qimmatroq.
    3) "A" shahrida universitet "B" shahridan kamroq.

12. Farhod Zuhradan 5 yosh kichkina.
    Zuhra Shahlodan 2 yosh katta.
    Shahlo Zuhradan 2 yosh kichkina.
    Farhod Shahlodan 3 yosh kichkina.
    Shahlo Farhoddan 3 yosh katta.
    Zuhra Shohruhdan 7 yosh kichkina.
    Shohruh Zuhradan 7 yosh katta.
    Farhod Shohruhdan 12 yosh kichkina.
    Shohruh Farhoddan 12 yosh katta.
    Shahlo Shohruhdan 9 yosh kichkina.
    Shohruh Shahlodan 9 yosh katta.
    Farhod eng yosh.
    Shohruh eng katta.

Audiomashqlar (듣기 활동)

1. 1) (*Namuna*) Yo'q, oilam katta emas.
   2) (*Namuna*) Ha, o'zbek tili juda qiziqarli.
   3) (*Namuna*) Men yaxshi talabaman.
   4) (*Namuna*) Mening shahrim kichkina, lekin chiroyli shahar.
   5) (*Namuna*) Men tinch mahallada yashayman.

6) (*Namuna*) Kecha havo sovuq edi.
7) (*Namuna*) Yo'q, o'tgan hafta band emas edim.

2. 1) O 2) X 3) O 4) X

10-DARS

"A" mashqlar guruhi (연습문제 A)

1. 1) Sizga o'zbek milliy taomlari yoqadimi? – Ha, yoqadi.
   2) Sizga sayohat qilish yoqadimi? – Ha, juda yoqadi.
   3) Sizga ashula aytish yoqadimi? – Yo'q, uncha yoqmaydi.
   4) Sizga mol go'shti yoqadimi? – Ha, juda yoqadi.
   5) Sizga qish fasli yoqadimi? – Yo'q, uncha yoqmaydi.

2. 1) (*Namuna*) Menga futbol yoqadi.
   2) (*Namuna*) Menga achchiq ovqatlar yoqadi.
   3) (*Namuna*) Menga "Titanik" kinosi yoqadi.
   4) (*Namuna*) Menga mumtoz musiqa yoqadi.
   5) (*Namuna*) Menga Tom Kruz yoqadi.

3. 1) Rostdanmi? Sizga yangi kino yoqdimi? – Yo'q, uncha yoqmadi.
   2) Rostdanmi? Sizga somsa yoqdimi? – Ha, juda yoqdi.
   3) Rostddanmi? Sizga yangi do'kon yoqdimi? – Yo'q, uncha yoqmadi.
   4) Rostdanmi? Sizga yangi talaba yoqdimi? – Ha, juda yoqdi.
   5) Rostdanmi? Singlingizga kofe yoqdimi? – Yo'q, yoqmadi.

4. 1) A: Kimga "Neksiya" mashinasi yoqadi?
   B: Hasan akaga.
   A: Hasan akaga nima yoqadi?
   B: "Neksiya" mashinasi.
   2) A: Kimga Nigora yoqadi?
   B: Doniyorga.

A: Doniyorga kim yoqadi?

B: Nigora.

3) A: Kimga Botir yoqadi?

B: Nigoraga.

A: Nigoraga kim yoqadi?

B: Botir.

4) A: Kimga Toshkent yoqadi?

B: Chisuga.

A: Chisuga nima yoqadi?

B: Toshkent.

6. 1) Sizga qish fasli yoqadimi?
2) Sangminga opera eshitish yoqadi.
3) Ularga achchiq ovqatlar yoqadi.
4) Annaga katta shaharda yashash yoqmaydi.
5) Menga do'stlarimni mehmonga taklif qilish yoqadi.
6) Bizga "Shum bola" filmi juda yoqadi.
7) Sizlarga bu ko'rsatuv yoqadimi?
8) Mening do'stimga kompyuterda o'yin o'ynash yoqadi.

7 . 1) yomon ko'raman
2) (*Namuna*) futbol o'ynashni
3) (*Namuna*) sabzavotlarni, shirinliklarni
4) (*Namuna*) yaxshi ko'radilar, yomon ko'radilar
5) (*Namuna*) yaxshi ko'ramiz, yaxshi ko'rmaymiz.

Audiomashqlar (듣기 활동)

1. 1) (*Namuna*) Menga palov va somsa yoqadi.
2) (*Namuna*) Ha, menga ashula aytish yoqadi.
3) (*Namuna*) Yo'q, men ovqat pishirishni yaxshi ko'rmayman.
4) (*Namuna*) Ha,(men) go'shtni yaxshi ko'raman.
5) (*Namuna*) Do'stim raqsga tushishni yomon ko'radi.

2. 1) O   2) X   3) X

O‘qish (읽기 활동)

1) X   2) X   3) O   4) O   5) X

11-DARS

“A” mashqlar guruhi (연습문제 A)

1. 1) Siz o‘zbek tilini bilasizmi? – Ha, oz-moz bilaman.
   2) Akangiz fransuz tilini biladimi? – Yo‘q, umuman bilmaydi.
   3) Sangmin yapon tilini biladimi? – Yo‘q, uncha yaxshi bilmaydi.
   4) Siz rus tilini bilasizmi? – Ha, yaxshi bilaman.

2. 1) (*Namuna*) Men qahvani yaxshi ko‘raman, shuning uchun har kuni qahva ichaman.
   2) (*Namuna*) Mening pulim yo‘q edi, shuning uchun palto sotib olmadim.
   3) (*Namuna*) Bugun do‘stimning tug‘ilgan kuni, shuning uchun unga soat sotib oldim.

3. 1) d   2) f   3) b   4) c   5) a   6) e

5. 1) Men musiqani yaxshi ko‘raman, shuning uchun konsertga ko‘p boraman.
   2) Do‘stim kasal edi, shuning uchun universitetda ikki kun kelmadi.
   3) Men ertalab kech turdim, shuning uchun darsga kech qoldim.
   4) Biz sportni yaxshi ko‘ramiz, shuning uchun har kuni sportzalga boramiz.

6. 1) Nimaga onangiz sport bilan shug‘ullanmaydi?– Chunki u sportni yaxshi ko‘rmaydi.
   2) Kecha nimaga ziyofatga kelmadingiz? – Chunki ishim juda ko‘p edi.
   3) Nimaga Chisu konsertga bormaydi? – Chunki uning chiptasi yo‘q.
   4) Nimaga go‘sht sotib oldingiz? – Chunki bugun kechqurun palov pishiraman.

7. 1) Chunki u futbol tomosha qildi.   2) Chunki uning bolasi yig‘ladi.
   3) Chunki u telefon ko‘p o‘ynadi.

8. 1) Birga nonushta qilaylik. – Jonim bilan.
   2) Birga televizor ko'raylik. – Jonim bilan.
   3) Birga tennis o'ynaylik. – Jonim bilan.
   4) Birga ashula aytaylik. – Jonim bilan.

9. 1) Sumkangizni ko'rsating.
   2) Ovqatingni ye.
   3) O'tiring.
   4) Xonadan chiqing.

10. 1) Iltimos, chiroqni yoqing.
    2) Iltimos, eshikni yoping.
    3) Iltimos, sekinroq gapiring.
    4) Iltimos, ozgina kutib turing.

11. 1) Marhamat, kiring.
    2) Marhamat, o'tiring.
    3) Marhamat, oling.
    4) Marhamat, gapiring.

12. 1) Bu yerda rasmga olmang.
    2) Bu yerda aroq ichmang.
    3) U yerda futbol o'ynamang.
    4) Bu yerga kirmang.

13. 1) Sangmin, iltimos, rasmlaringizni ko'rsating.
    2) Ustoz, iltimos, O'zbekiston tarixi haqida gapirib bering.
    3) Seyun, bu kitobni o'qing.
    4) Bobur, dars qiling.

14. 1) xavotir olyapman, Xavotir olmang
    2) xavotir olyapman, Xavotir olmang

Audiomashqlar (듣기 활동)

1. 1) c　2) a
2. 1) O　2) X　3) O　4) X

O'qish (읽기 활동)

1) X　2) O　3) O　4) X　5) O

사전

aeroport 공항
aka 형
albatta 당연히
amaki 삼촌
Amerika 미국
amerikalik 미국인
amma 고모
ananas 파인애플
anavi yer 저곳
anavi yerda 저곳에서
Andijon viloyati 안디잔주
Angliya 영국
anor 석류
ancha 꽤
apelsin 오렌지
aprel 4월
aqlli 똑똑한
aroq 술
arzon 싼
astoydil 열심히
auditoriya 강당, 강의실
avgust 8월
avtobus 버스
avtobus bekati 버스 정류장
avtobusga chiqmoq 버스에 타다
ayol 여성, 부인
ashula 노래
ashula aytmoq 노래를 부르다
achchiq 매운
achchiq-chuchuk 아츠측 (샐러드)
badminton 배드민턴
baho olmoq 점수를 받다
bahor 봄
baland 높은
baland bo'yli 키가 큰
baliq 물고기
banan 바나나
band 바쁜
bank 은행
bank xodimi 은행원
basketbol 농구
basseyn 수영장
bayram 명절
ba'zida 가끔
bekat 역
berib turmoq 빌려주다
bermoq 주다
beysbol 야구

besh 5
bilet 표
bilmoq 알다
bino 건물
bir 1
bir o'zim 혼자
birga 함께
birinchi marta 첫 번째, 한 번, 처음으로
bir oz 조금, 잠시
biz 우리, 우리는
bodring 오이
bola 아이
bormoq 가다
boy 부자, 재산
bozor 시장
boshlanmoq 시작하다
bog' 정원, 공원
bu 이, 그
bu hafta 이번 주
bu oy 이번 달
bu yer 이곳
bu yerda 이곳에서
bu yil 올해
bugun 오늘
bulutli 구름 낀, 흐린
burilmoq 돌다, 회전하다
burun 코
buva 할아버지
buvi 할머니
Buxoro 부하라
Buxoro viloyati 부하라주
bo'lmoq 되다
bo'sh vaqt 빈 시간
daftar 공책
dam olish kuni 휴일
dam olish kunlari 주말
dam olmoq 휴식하다, 쉬다
dangasa 게으른, 게으름뱅이
daraxt 나무
dars bermoq 수업을 하다
dars qilmoq 공부하다
darsxona 교실
daryo 강
dekabr 12월
dengiz 바다
deraza 창문
dim 흐릿한, 침침한, 뿌연
direktor 기관의 (장)
divan 소파
dori 약
dorixona 약국
dugona 친구(여자)
dunyo 세상
dunyodagi 세상에서
dush qabul qilmoq 샤워하다
dushanba 월요일
do'kon 가게
do'st 친구
edi ~였다(명사, 형용사 과거형 접사)
ellik 50
elchixona 대사관
er 남편
erkak 남자
erta 일찍
ertaga 내일
ertalab 아침에

eski 낡은, 옛것의
estrada 에스트라다(음악장르)
eshik 문
eshitmoq 듣다
fabrika 공장
fakultet 학부
familiya 성
Farg'ona 페르가나
Farg'ona viloyati 페르가나주
fasl 계절
farzand 자녀
fevral 2월
fil 코끼리
film 영화
fleshka 이동식저장디스크/USB
fotoapparat 카메라, 사진기
Fransiya 프랑스
fransuz 프랑스인
futbol o'ynamoq 축구하다
gap 문장
gapirib bermoq 말해주다
gapirmoq 말하다
gaplashmoq 이야기하다
garmdori 고추
Germaniya 독일
gilos 체리
golf 골프
gul 꽃
guldon 꽃병
guruch 쌀
go'sht 고기
go'shtli 고기가 있는
go'shtsiz 고기가 없는
hafta 주
ham 또한, ~도, 역시
hamma 모든
hamshira 간호사
har doim 항상, 언제나
har hafta 매주
har kuni 매일
har xil 다른, 다양한
havo 날씨
havorang 하늘색
haydovchi 운전기사
hech qachon 절대로
hind 인도인
Hindiston 인도
hojatxona 화장실
hozir 지금, 잠시만
idish yuvmoq 설거지하다
iflos 먼지, 진흙, 더러움
ikki 2
ilgari 예전에
iltimos 부탁합니다
imtihon 시험
indin(ga) 모레(에)
ingliz 영국인
ingliz tili 영어
ism 이름
ispan 스페인인
Ispaniya 스페인
issiq 더운
it 개
Italiya 이탈리아
italyan 이탈리아인
iyul 7월

iyun 6월
ish 일
ishdan chiqmoq 퇴사하다, 퇴근하다
ishga kelmoq 출근하다
ishlamoq 일하다
ishxona 회사
ishchi 회사원, 노동
ichimlik 음료수
ichmoq 마시다자
javob 대답
jaz 재즈
jeton 메달, 상패, 훈장
jigarrang 갈색
jiyan 조카
Jizzax viloyati 지자흐주
jonim bilan 기꺼이, 기쁘게
joy 장소, 위치
juda 매우
juma 금요일
jurnalist 기자, 저널리스트
kabob 샤슬릭, 꼬치구이
kafe 카페, 식당
kalit 열쇠
kam 적은
kambagʻal 가난한
kamdan-kam 드물게
Kanada 캐나다
karam 양배추
karaoke 노래방
kartoshka 감자
kasal 아픈
katta 큰
keksa 노인, 나이 든
kelasi hafta 다음 주
kelasi oy 다음 달
kelasi safar 다음번
kelasi yil 내년
kelmoq 오다
kema 배(교통수단)
ketmoq 가다
keyin 다음에, ~ 후에
kech 늦은
kech qolmoq ~에 늦다, 지각하다
kecha 어제
kechasi 밤, 밤에
kechki ovqatni yemoq 저녁 식사를 하다
kechqurun 저녁에
keng 넓은
kim 누구
kino 영화
kino koʻrmoq 영화를 보다
kinoteatr 영화관
kir 먼지, 진흙, 더러움
kir yuvmoq 빨래하다
kirmoq 들어가다
kitob 책
kiyim 의복, 옷
kiyinmoq (옷을) 입다
kichik 작은
kichkina 작은
kofe 커피
kola 콜라
kompyuter oʻynamoq 컴퓨터 게임을 하다
konfet 사탕, 당
konsert 콘서트
Koreya 한국

koreys 한국인
kuchli 힘이 센
kuchuk 강아지
kulrang 회색
kun bo'yi 온종일
kunduzi 오후에
kursdosh 학급 친구, 동창
kutmoq 기다리다
kutubxona 도서관
kuz 가을
ko'cha 거리
ko'k 파란
ko'k choy 녹차
ko'p 많은
ko'pqavatli uy 고층 건물, 아파트
ko'rgazma 전시회
ko'rsatmoq 보여주다
ko'rsatuv 프로그램
ko'ylak 원피스, 드레스
ko'z 눈
ko'zoynak 안경
lekin 그러나
lug'at 사전
mabodo (부정문에서) 아마도
mahalla 구획, 마을
majlis 회의, 모임
maktab 학교
mana 여기
mana bu yerda 여기 이곳에서
mandarin 귤
manti 만티(만두)
manzil 주소
mart 3월
may 5월
maydon 광장
maza qilmoq 재미있다, 즐겁다
mazali 맛있는, 구수한
mashhur 유명한
mashina 자동차
mehmon 손님
mehmonga bormoq 방문하다, 초대받다
mehmonga taklif qilmoq 손님으로 초대하다
mehmonxona 호텔
men 나, 나는
menyu 메뉴
metro 지하철
militsiya xodimi 경찰관
millat 민족
million 1,000,000
milliy 전통의, 민족의
Milliy bog' 민족 공원
ming 1,000
minut 분
mol go'shti 소고기
mototsikl 오토바이
muhandis 엔지니어
muhim 중요한
mumtoz musiqa 전통 음악
mushuk 고양이
musiqa 음악
musiqa eshitmoq 음악을 듣다
Mustaqillik kuni 독립기념일
muzey 박물관
muzqaymoq 아이스크림
Namangan viloyati 나만간주
narsa 것, 사물

Navoiy viloyati 나보이주
Navro'z 나브로즈(중앙아시아 명절)
nemis 독일인
nima 무엇
nimaga 왜
-ning oldida ~의 앞에
nok 배(과일)
nol 0
non 논
nonushta qilmoq 아침 식사를 하다
noqulay 불편한
nordon 시큼한, 산성의
noutbuk 노트북
noyabr 11월
ob-havo 날씨
odatda 보통
oila 가족
oilali 가족이 있는, 결혼한
oktabr 10월
olcha 앵두
oldin ~ 전에
olib kelmoq 가져오다
olma 사과
olmoq 사다, 갖다
olti 6
oltmish 60
olcha 앵두
ona 어머니
opa 언니, 누나
oppoq 새하얀
oq 하얀
oqish 흐름
oqko'ngil 마음씨가 좋은
oson 쉬운
ot 1. 말 2. 명사, 이름
ota 아버지
ovqat 음식
ovqat pishirmoq 요리하다
ovqatlanmoq 식사하다
oy 달
oz 적은
ozgina 조금
oziq-ovqat 식료품
ozg'in 마른
og'ir 무거운
og'iz 입
osh 우즈베키스탄 전통음식 볶음밥/기름밥
oshpaz 요리사
oshxona 음식점
ochmoq 열다
palov 우즈베키스탄 전통음식 볶음밥/기름밥
palto 외투
pasport 여권
past 낮은
past bo'yli 키가 작은
payshanba 목요일
pazanda 주방장
pivo 맥주
piyoda 걸어서
piyoz 양파
pishloq 치즈
pomidor 토마토
port 항구
poyezd 기차
pochta 우체국
pul 돈

pushti 분홍색의
qadimgi 고대의, 옛날의
qadimiy 오래된, 고대의
qahva 커피
qalam 연필
qalampir 고추, 후추
qalin 두꺼운
qanaqa 어떻게
qand 사탕, 설탕
qanday 어떻게
qari 노인, 나이 든
qarindosh 친척
qatiq 아쿠르트, 발효유
qattiq 단단한, 굳은
qavat 층
qaymoq 크림
qayrilmoq 돌다, 회전하다
qaysi 어떤(의문사)
qaytim 거스름돈
qaytmoq 되돌아오다
Qashqadaryo viloyati 카슈카다리요주
qachon 언제
qilmoq 하다
qimmat 비싼
qirq 40
qirg'iz 키르기스인
Qirg'iziston 키르기즈스탄
qisqa 짧은
qiyin 어려운
qiz 딸
qizil 빨간
qiziqarli 재미있는, 흥미로운
qish 겨울
qor 눈
qora 검은색의
qora choy 홍차
Qoraqalpog'iston Respublikasi 카라칼파키스탄
qovun 멜론
qozoq 카자흐인
Qozog'iston 카자흐스탄
qoshiq 숟가락
qulay 편한, 편리한
quloq 귀
qulupnay 산딸기
quruvchi 건축가
qo'l telefoni 휴대전화
qo'ng'iroq qilmoq 전화하다
qo'y go'shti 양고기
rassom 화가
rafiqa 아내
raqs to'garagi 춤 동아리
raqsga tushmoq 춤추다
rasm chizmoq 그림을 그리다
rasmga olmoq 사진을 찍다
Registon maydoni 레기스탄 광장
reja 계획
rep 랩
restoran 식 당
rok 록
Rossiya 러시아
rus 러시아인
rus tili 러시아어
ruchka 볼펜
ro'za 단식, 금식
ro'zador 단식하는 사람

sabzavotlar 채소들
sabzi 당근
sakkiz 8
sakson 80
Samarqand 사마르칸트
Samarqand viloyati 사마르칸트주
samolyot 비행기
sana 수, 날짜
San'at muzeyi 미술관
sarimsoq (piyoz) 마늘
sariq 노란색의, 노란
sartarosh 이발사, 미용사
savol 질문
sayohat qilmoq 여행하다
sayr qilmoq 산책하다
sekin 조용히, 천천히
semiz 뚱뚱한
sen 너, 너는
sentabr 9월
sevgan qiz 좋아하는 여자
seshanba 화요일
singil 여동생
Sirdaryo viloyati 시르다리요주
siyohrang 보라색
siz 당신, 너희들
sizlar 당신들
soat 시각, 시간, 시계
soatbay 시간제의, 파트타임의
somsa 솜싸
sotib olmoq 사다
sotuvchi 상인, 판매원
sovuq 추운
sovg'a 선물
soch 머리카락
spektakl 연극, 공연
sport 운동
sport bilan shug'ullanmoq 운동하다
sport turi 운동 종목
sportzal 운동장/체육관
sportchi 운동선수
sprayt 스프라이트
stadion 경기장
stol 책상
stul 의자
sumalak 수말랔
sumka 가방
supermarket 대형 마트
Surxondaryo viloyati 수르혼다리요주
sut 우유
suv 물
suzmoq 수영하다
sxema 차트, 표
so'm 숨(화폐 단위)
so'z 단어
tabiat 자연
tadbirkor 사장
taksi 택시
talaba 학생
tanish ~을 아는, 아는 사이인
tanishmoq ~와 알게 되다
taom 음식
taomnoma 메뉴판
tarix 역사
tarjimon 해석
tarvuz 수박
taxminan 대략

teatr 극장
teleminora TV 타워
televizor koʻrmoq 텔레비전을 시청하다
tennis oʻynamoq 테니스를 치다
tez 빠른
tez-tez 자주
til 1. 혀 2. 언어
tinch 고요한, 평온한
toza 깨끗한
togʻ 산
togʻga chiqmoq 등산하다
tufli 신발
tugamoq 끝나다
tuman 구, 구역
turist 여행자
turk 터키인
Turkiya 터키
turmoq 일어서다, (~에) 살다
turmush oʻrtogʻi 배우자
tuxum 달걀, 계란
tuz 소금
tugʻilgan kun 생일
tushlik qilmoq 점심 식사를 하다
tort 케이크
tovuq 닭
togʻa 외삼촌
tomon 방향
tor 좁은
tort 케익
tovuq goʻshti 닭고기
Toshkent viloyati 타슈켄트주
toʻgarak 동아리, 서클
toʻqqiz 9
toʻqson 90
toʻrt 4
toʻxtamoq 멈추다
toʻgʻrida 앞에
toʻgʻriga yurmoq 직진하다
u 그(녀)
uka 남동생
ular 그들
umuman 일반적으로
un 밀가루
unda 그렇다면, ~ 후에
universitet 대학교
uncha 별로 ~ 않은
uxlamoq 잠을 자다
uy 집
uy tozalamoq 집을 청소하다
uy vazifasini qilmoq 숙제하다
uydan chiqib ketmoq 집에서 나가다
uyga kelmoq 집에 들어오다, 귀가하다
uyga qaytmoq 귀가하다
uygʻonmoq 일어나다, 잠에서 깨다
uzoq 먼
uzr 미안해요
uzum 포도
uzun 긴
ushlamoq (손으로) 잡다, 붙들다
uch 3
uchmoq 날다
uchrashmoq 만나다
uchrashuv 만남, 약속
vaqt 시간
vaqt oʻtkazmoq 시간을 보내다
velosiped 자전거

viloyat 지방, 주(州)
vino 포도주, 와인
vokzal 기차역
voleybol 배구
xafa 슬픈, 화난
xat 편지
xato 실수
Xitoy 중국
xitoy 중국인
xitoy tili 중국어
Xiva 히바
xola 이모, 고모
xona 방
xonadon 집, 가정
Xorazm viloyati 호라즘주
xotin 아내
xunuk 추한
xursand 기쁜
yakshanba 일요일
yangi 새로운
Yangi yil 새해
yanvar 1월
yapon 일본인
Yaponiya 일본
yaqin 가까운
yarim 반(1/2)
yaxshi 좋은
yaxshi ko'rmoq 좋아하다
yashamoq 살다
yashashga 생활하는데
yashil 초록색의, 녹색의
yengil 가벼운
yetib kelmoq 도착하다
yetmish 70
yetti 7
yig'lamoq 울다
yigirma 20
yigit 남자(젊은이), 청년
yomon 나쁜
yomg'ir 비
yopmoq 닫다
yoqmoq 마음에 들다
yordam bermoq 도움을 주다
yoz 여름
yozmoq 쓰다
yozuv taxtasi 칠판
yozuvchi 작가
yog' 버터, 지방
yog'li 기름진
yog'moq (비 또는 눈이) 내리다, 오다
yosh 젊은, 나이
yubormoq 보내다
yumshoq 부드러운
yurist 법률가, 변호사
yupqa 치마
yurmoq 걷다
yurt 유르트(이동식 가옥), 집, 국가
yuvinmoq (얼굴을) 씻다, 목욕하다
yuz 100, 얼굴
yo'l 길
zaif 약한
zavod 공장
zerikarli 지루한, 재미없는
ziyofat 잔치
zontik 우산
o'n 10

o'ng 우측, 오른쪽
o'ng tomonda 오른쪽에
o'ngga qayrilmoq 오른쪽으로 돌다
o'qimoq 읽다, 공부하다
o'qituvchi 선생님
o'qish 읽기, 독서, 공부
o'quvchi 학생(초중고교)
o'rganmoq (-ni o'rganmoq)
~을 배우다
o'rik 살구
o'rtoq 친구, 동지
o'tgan hafta 지난주
o'tgan kuni 엇그제
o'tgan oy 지난달
o'tgan yili 작년
o'tirmoq 앉다
o'ttiz 30
o'zbek 우즈베크인
o'zbek tili 우즈베크어
O'zbekiston 우즈베키스탄
o'g'il 아들
o'chirmoq (전등을) 끄다
g'alati 이상한
shaftoli 복숭아
shahar 도시
shakar 설탕
shanba 토요일
shapka 모자
sharbat 주스, 음료수
sharf 스카프
Sharqshunoslik instituti 동방학대학교
sharshara 폭포
shifokor 의사
shifoxona 병원
shinam 안락한
shirin 단
shirinliklar 과자들
shokolad 초콜릿
shovqin 소음
shu yerda 그곳에
shuning uchun 그래서
sho'r 짠
sho'rva 쇼르바, 고깃국
chang'i uchmoq 스키를 타다
chap 좌측, 왼쪽
chap tomonda 왼쪽에
chapga qayrilmoq 왼쪽으로 돌다
chekmoq 담배를 피우다
Chimyon tog'i 침욘산
chipta 표
chiqmoq 나가다
chiroq 전등, 불빛
chiroyli 예쁜
chorshanba 수요일
choy 차
chunki 왜냐하면
cho'chqa go'shti 돼지고기

이미지 출처

p18	*Turkic Language Map* by Mirza Farahani, CC BY-SA 4.0 https://commons.wikimedia.org/wiki/File:TurkicLanguagemap.png
p19	*Uzbek language* by Akhemen, CC BY-SA 4.0 https://commons.wikimedia.org/wiki/File:Uzbek_language.png
p107	http://tshtx.uz/index.php?option=com_content&view=article&id=290:toshkent-metropoliteni-sxemasi&catid=102&lang=uz&Itemid=1059
p143(하단)	*La préparation du Sumalak pour Navrouz* by Jean-Pierre Dalbéra, CC BY 2.0 https://commons.m.wikimedia.org/wiki/File:La_pr%C3%A9paration_du_Sumalak_pour_Navrouz_(Ouzb%C3%A9kistan)_(5614065867).jpg
p145(좌)	*Navrouz à Boukhara* by dalbera, CC BY 2.0 https://commons.wikimedia.org/wiki/File:Navrouz_à_Boukhara_(Ouzbékistan)_(5612819864).jpg
p177(우)	*Navrouz à Boukhara* by Jean-Pierre Dalbéra, CC BY 2.0 https://www.flickr.com/photos/dalbera/5612819858
p195(1행 2열)	*Uzbek palov in Yerevan Food Court* by Beko, CC BY-SA 4.0 https://commons.wikimedia.org/wiki/File:Uzbek_palov_in_Yerevan_Food_Court.jpg
p195(2행 2열)	*Uzbek Manti (bright)* by Ramón, CC BY-SA 2.0 https://commons.wikimedia.org/wiki/File:Uzbek_Manti_(bright).jpg
p195(2행 3열)	https://ru.depositphotos.com/237595386/stock-photo-chuchpara-kind-dumpling-which-popular.html
p195(3행 1열)	*Татарча/tatarça: Итле сумса* by Ралина Фаваризова, CC BY-SA 4.0 https://commons.wikimedia.org/wiki/File:570935_testo_somsa_samsa_eda_uzbekistan_myaso_10086x7097_www.GdeFon.ru_.jpg
p196(1행 2열)	https://cookpad.com/ru/recipes/4152682-uzbiekskaia-sloienaia-liepies hka
p196(1행 3열)	*Katmer* by Maderibeyza, CC BY-SA 3.0 https://commons.wikimedia.org/wiki/File:Katmer.JPG
p196(2행 1열)	https://www.koolinar.ru/recipe/view/109070
p196(2행 2열)	https://ok.ru/kulinarniyeshedevri/topic/66548509597765
p197	http://metrotashkent.narod.ru/pic/line1/gorky/stpic2_gorky.htm https://mapa-metro.com/en/uzbekistan/tashkent/tashkent-metro-map.htm
p213	Bibi Khanum Mosque, Samarkand by Fulvio Spada, CC BY-SA 2.0 https://www.flickr.com/photos/lfphotos/4934027017
p287	https://relkooly.wordpress.com/2018/01/28/http-quran-ksu-edu-sa-index-phplaraya1_1mhafsqareehusarytransar_mu/

우즈베크어 표준 교재 A1

초판 인쇄 2019년 11월 20일
초판 발행 2019년 11월 27일

지은이 Mashrabbekova Aziza, 이지은
발행인 김인철
총괄 · 기획 가정주 Director, University Knowledge Press
편집장 신선호 Executive Knowledge Contents Creator
기획 · 물류 이현진 Planning Expert
사전 · 도서편집 정준희 Contents Creator
전자책 · 도서편집 장혜린 Contents Creator
도서편집 이병철 Contents Creator
이근영 Contents Creator
재무관리 하누리 Managing Creator
발행처 한국외국어대학교 지식출판콘텐츠원
02450 서울특별시 동대문구 이문로 107
전화 02)2173-2493~7
팩스 02)2173-3363
홈페이지 http://press.hufs.ac.kr
전자우편 press@hufs.ac.kr
출판등록 제6-6호(1969. 4. 30)
디자인 · 편집 (주)이환디앤비 02)2254-4301
인쇄 · 제본 (주)트윈벨미디어 02)2088-1810

ISBN 979-11-5901-641-7 14730 정가 33,000원
ISBN 979-11-5901-648-6 (세트)

*잘못된 책은 교환하여 드립니다.

HUiNE은 한국외국어대학교 지식출판콘텐츠원의 어학도서, 사회과학도서, 지역학 도서 Sub Brand이다. 한국외대의 영문명인 HUFS, 현명한 국제전문가 양성(International +Intelligent)의 의미를 담고 있으며, 휴인(携引)의 뜻인 '이끌다, 끌고 나가다'라는 의미처럼 출판계를 이끄는 리더로서, 혁신의 이미지를 담고 있다.

이 책의 음원(mp3)은 한국외국어대학교 지식출판콘텐츠원 홈페이지 (press.hufs.ac.kr) – 게시판 – 자료실에서 다운받아 사용하시기 바랍니다.